博组客
的自组织转型实践

自主管理

SELF-MANAGEMENT
HOW IT DOES WORK

［荷］阿斯特丽德·维米尔 Astrid Vermeer 著
［荷］本·温廷 Ben Wenting

薛阳 译

人民东方出版传媒
People's Oriental Publishing & Media

东方出版社
The Oriental Press

序 一

2005 年，当我心中首次对自己所要创建的护理机构，也就是后来的博组客（Buurtzorg），有了清晰的轮廓时，我还不完全清楚自组织在日常实践中会是什么样子。当时的我还习惯于使用各种各样的"管理工具"，保持组织的可被管理性和可被监控性。虽然我在 20 世纪 80 年代曾经作为一名社区卫生护士，服务于一个自组织团队，但我从这段经历中只了解到"平衡计分卡是一个非常有用的工具"。

20 世纪 90 年代以来，在我与本·温廷（Ben Wenting）和阿斯特丽德·维米尔（Astrid Vermeer）的多次谈话中，我们一直将自主管理和自组织视为理想组织的指导原则。我们看到，"管控思想"的负面后果给专业人士的日常工作带来越来越大的阻碍和压力。这其实又对患者护理工作产生了直接和严重的后果。

因此，当我在 2006 年创建博组客时，我毫不犹豫地选择与本·温廷和阿斯特丽德·维米尔一起构建基于自组织的组织架构和自主管理的管理模式。十年后回顾起来，我们可以说这一次的合作极其成功，在荷兰甚至全球都产生了重大的影响。

1

本书将清晰地向你展示，自主管理并不是一个噱头，其意义远不止削减组织内部的各个管理层级。自组织和自主管理提供了一个完全不同的管理视角：人们居然能够日复一日地开展合作，并管理自己日常工作的所有活动。过度的控制与烦琐的规章制度，导致领导者无法信任那些希望尽可能做好本职工作的员工。本书简要地概述了我们构建人性化自主管理型组织的现实需要。本·温廷和阿斯特丽德·维米尔毫无保留地分享了他们在自主管理方面的真知灼见，帮助人们了解到自主管理的目的：提供更好的服务，实现更有意义的工作。

何塞·德·勃洛克（Jos de Blok）

荷兰博组客创始人

序　二

2011 年，我在中国成立了一家家庭医疗保健公司，以此作为一个试点项目，当时也是因为受到了荷兰博组客独特的、创新的自主管理、使命驱动模式的启发。博组客为社区和家庭中有需要的人提供以老年人为中心的护理，通过自主管理、自主协作的模式最大限度地赋予护士和护理人员权力。博组客发展至今已经来到了第 12 个年头，现在我们在全球已拥有超过14000 名员工，他们组成了超过 1400 个自组织小组，也是青色组织最卓越和成功的代表之一。

2015 年，我们决定在亚洲区域开展博组客的业务。基于这样的洞察力，即传统的孝道关怀、社区的重要作用、护士/照顾者的预期稀缺性，以及对价值驱动的、成本效益高的关怀模式的需求，我们认为在许多亚洲国家和地区需要博组客模式。与此同时，博组客正在中国大陆/台湾、日本和印度开设团队和业务，很快还会有更多的国家和地区加入。

然而，在亚洲国家实施自组织着实备受挑战，因为对等级的天然尊重和服从是亚洲国家特别是中国社会的主导模式。人们习惯于有一个老板，并听从命令。契机的到来是一本书的上市：《重塑组织》(*Reinventing Organizations*)，作者是弗雷德里克·菜卢 (Frederic Laloux)。这本书被一群对青色组织有浓厚兴趣的人翻译并出版，得到了中国本土企业的关注和实践。如今在中国已经渐渐形成青色的社群，人们一起交流实践青色组织的经验，彼此支持、鼓励。而在这本书里提到的一个令人印象深刻的企业案例便是博组客。但这本书还是比较学术性的，于是我们经常被问到的一个问题是：在实践中，自组织方法是如何运作的？我们是如何让护理人员遵循解决方案驱动的决策模式进行协同的，或者我们是如何找到合适的人以这种方式工作的？

事实上，我们的一线工作人员是使这种工作方式获得成功的核心关键。本书的作者阿斯特丽德·维米尔、本·温廷花了很长时间潜心跟踪观察博组客的几个团队。他们最终完成了一项令人钦佩的工作，全面深入地阐述了一个成功的博组客自组织团队是如何用更短的时间开会，共同做决策，以及处理冲突，解决困难问题的。我认为这是一本非常务实的书，能指导企业如何实践自组织，让自组织的实现成为可能。我也要再次感激本书的译者小飞（薛阳），她也是《重塑组织（插画精简版)》的翻译者，而且这么多年持续在中国推动青色组织和自组织，当我邀请她翻译《自主管理》这本书时，她极其爽快地答应了。

也许在中国实现自组织并非易事，但其实在荷兰也是一样。我希望本书所阐述的原则以及工具、方法可以对你有用，并且可以帮助各方的参与者用同样的观念和语言谈论自组织。我们最近在上海还有台北的自组织团队转型都取得了成功，这足以证明自组织在中国这片土地上也是可以被滋养和发展的：自组织让我们的客户、员工和商业变得更好！

博组客亚太区总裁 斯蒂芬 · 戴克霍夫

2020 年 7 月

译者序 自组织：从相信到看见

> 世界历史无非是"自由"意识的进步。
>
> ——黑格尔

成年人的世界，往往是因为相信，所以看见。也因此感谢你此时此刻手中捧着这本《自主管理》，我不确定在这个当下你是否真正相信自组织，但我仍因为你的好奇和可能有的期待而感到兴奋不已。

感谢博组客的邀请，让我有幸翻译此书。对我来讲这是一段既熟悉又陌生的旅程。熟悉是因为，从 2014 年开始，我的主要工作便是在中国推动自组织、青色组织、去中心化组织的认知学习和企业实践，博组客当然是这个领域的标杆级企业，我也因此有幸在过去几年中数次近距离与博组客交流合作。陌生是因为，即使我自认为有不少关于博组客实践自组织的知识和材料，但当我读完本书后，还是突然意识到自己之前对博组客的看法既点状又片面。我相信《自主管理》这本书，可以帮助我们系统全面地看见整个博组客自组织架构和运营操作系统是如何构建和运行的，书中的方法、案例以及观点可以着实拉近我们的视野，以便细细品味这家伟大的自组织公司是如何健康茁壮发展的。

我们都长得一个样，是一件多么无聊又令人悲哀的事情啊！

正如我身边 99.99% 的朋友一样，当我们作为一名工作者生活在一个组织中，那么"上司+下属的超稳定关系结构"是每个人已经默认到无感的组织设定。当我们谈到商业组织时，你也根本不会有意识地去问它们都是什么组织结构，因为"金字塔科层制自上而下的集权模式"已经得到了整个社会普遍的默认。

这种默认就如同 100 年前我们默认马路就一定是让马走的，10 年前我们默认汽车一定需要人来驾驶一样，今天我们仍旧无意识地任凭僵化保守的认知绑架我们对组织模式的创新与探索。

如今，无论一个公司的管理者试图如何用力规范人们的协作关系和决策权力，HR 如何不停地一版版设计、修改着组织架构图，在我看来都是越使劲，越失效。人们的工作关系，早就通过一个个微信群而被创建、被鼓励、被催化。技术的发展，"后浪"的跃跃欲试，使得"新群体"形成的"新模式"成为可能。而这些协作群体创建的底层逻辑也发生了彻底的变化：

权力单向牵引 >>> 价值共创牵引

自上而下设计 >>> 终端涌现构建

周期大型重组 >>> 时时敏捷迭代

一个微信群，一个主站，一个直播，一个论坛等，都在时刻促动不同专业阶层的工作者们转移到一个更加自主自治的公共开放平台，貌似没有一个定型的组织架构，但是每个群体都拥有共同的目标，共同创造协作。这就是自组织的组织力量。

我相信，传统科层制在很长一段时间，仍将是整个商业社会主流的组织模式，但它的"唯一性""不可抗性"正在一点点被瓦解。我避免用诸如自组织将颠覆传统科层制，自组织将是未来组织的必经方向之类的论断。我也很担心，像自组织、合弄制、青色组织等在国内变成一时的流行之风，就如同我见过太多的企业今天实践 OKR 或者阿米巴，其实我看到背后的潜台词是"如果我不做，那我就落伍不时髦了""我听说大家都在搞，那我也试试吧"。

我视自组织并非必然趋势，更不是流行之风。它只是让我们对组织单一模式（科层制）有一个多元看见，增添了一个视角、一个选择。我们首先需要看到这种可能性，然后每个团队作出自己的选择，以避免我们进入"习惯性的无能"，避免加入任何的组织，我们所有人都默默地自动开启"自航行"模式，即控制加听命，指挥加执行。

自由不等于任意妄为，自组织不是乌合之众

当你的组织决定步入自组织，请留意人们往往会将"自由"和"限制"放在对立面，在我看来这是一种抽象且不真实的观念。这种二元对立的观念，一方面，会很容易成为那些没有目标且不愿意承担责任的人的保护伞；另一方面，也使得组织里拥有领导力、影响力，愿意推动创新和结果达成的人们蹑手蹑脚，失去活力。

自由只能是秩序与权威下的自由。

自由是与秩序联系起来的自由，自由不仅与秩序和美德并存，而且没有后两者就没有真正的自由。

——埃德蒙·柏克《反思录》

在我的工作中，看见非常多的团队成员将失能、懒惰、推卸和任性包装成"自由"，他们对自由的理解是我想干什么就干什么，再也没有人能管我。这种自我、自私的理念将成为组

织内的定时炸弹。他们没有意识到，自由虽然表示独立自主性，但同时又是有限制的、有义务的、有责任的。只是这种限制不应从外部施加，而应来源于主体内在的，"自己本身之中"的秩序、内容和能量。

博组客在这一点上的做法值得学习，即"建立框架"，任何员工加入博组客，都会被告知框架的内容，例如：

——团队人数和团队分裂的标准

——员工的薪资结构和加班计费规定

——公司对绩效衡量所采用的基准，如生产力指数

……

在博组客，框架是不可以被讨论的，你需要承诺遵守。这在我看来是非常重要的框架内的自由（freedom within framework），这个框架是先决条件，也是基本条件。

这一方面是人们对遵守规则的承诺，即从人治（集权科层制）到法治（分布式自组织）的进化，另一方面，例如上述第三条框架，也是个人对自己和团队目标的承诺，体现每个人在自组织中的价值。

组织是道德的"全体"，共同利益的"承载"和自由的"现实"。也因此，所谓的自由的限制不是别的，就是组织本身所给

予的那些限制。在我看来，这是自组织和乌合之众的重要区别。

不是为了干掉所有领导者，而是组织处处充满领导力

另一个普遍性误区是领导者也因为自组织的到来而感到束手无策，似乎任何的管理动作都是在违背"自组织"所崇尚的精神与理念。甚至，领导者会感到被组织抛弃，成了自组织的对立面和公敌，自组织的目的不就是干掉所有的管理者吗？在过去的几年里，也有一些企业家找到我们，希望实践自组织，核心原因就是他（她）对当下的管理层并不满意，试图用自组织的方式将这一令人不满的局面直接抹去，一了百了。

这种误解的根源在于人们误以为，作为一个自组织，每个人都必须完全绝对全面地平等。实际上，**自组织的目的不是让每个人都同样强大，拥有同样的权力和影响力，而是让每个人都有更加强大的权力。**换句话说，自组织给了每个人更多成长，施展个人价值的可能性。在一个多样化的组织里，每个人承担着不同的角色，有人负责战略，有人负责创新，有人负责客服，有人负责质检，等等，贡献价值大小不同也很自然。如果我们的目标是使每个人绝对意义上完全平等，那么它将产生一些"黑暗"或看不见的等级制度，并使那些希望贡献宝贵的专业知识或经验但感觉受到阻碍的人感到沮丧和不公。同样

重要的是要明白，科层制或领导者并不是我们必须拒绝的"坏"东西。它们是人类群体合作的自然组成部分。

正如同在博组客，你还是能看到 CEO、VP 这样的角色，他们在组织内发挥着重要的领导力，人们愿意追随他们，相信他们指出的方向、提出的建议。我在翻译本书的过程中，最深刻的感受之一就是，对领导者的关注，以及不断强调领导者在自组织中的价值。

另外一种在全球范围内广为实践，备受认可的自组织形式合弄制（Holacracy），也是在组织架构建立初期，明确了每个分布式的圈子权责与结构，需要设立@圈长 Leadlink 这个角色，如下是@圈长的角色描述：

职责：

——为团队的使命和职责，构建其管理结构

——为团队设置各种优先次序和战略

——将团队的资源分配给各个任务和/或角色

——为团队的角色指派同伴，监控是否合适，提供反馈意见以增强契合度。当发现更合适的人选时，重新分配角色

——将团队的资源分配给各个任务和/或角色

12

——为团队制定各种相应的指标

——扫除子团队限制上一级团队实现其使命和职责的因素

————————————————————————————————

你可以看到，这个圈子的核心和重要的工作还是会交给值得信赖的领导者来承担。那么自组织从何而来呢？合弄制规定，这就是也仅是领导者的权力和责任，除此之外，圈长没有权力对任何团队成员日常的工作命令插手。仅凭这一点，已经是给予员工足够的空间进行自主管理了，也就仅仅这一点，对于众多管理者来说，已经是一条漫长的自我修炼之路。

在自组织中，人人都是领导者的定义是：首先每个人都应成为自己所承担角色的卓越领导者。履行自己的角色，承诺目标，并实现目标。与此同时，我们也必须看见，团队内确实有一些优秀的伙伴，他们更善于看见方向，使众人行，果断决策，以及协调资源，他们自然而然地吸引了很多的追随者，成了值得信任的领导者。因此，为了允许健康的、动态的层次结构的出现，将这些主题放在桌面上并进行讨论是很重要的。

学会坚持，学会妥协

前段时间，我的一位同事所承担角色的工作结果并没有达到预期，我们在复盘时就此进行了反馈和讨论。这位同事很委屈地表示，当时是大家给他提的意见和建议，他就是照做了，虽然当时他自己有另外的想法，可最终还是沉默地妥协了。他认为自己听从了大家的建议，结果不好大家反而责怪他，这令他很失落并感觉不公平。

与此同时，我的一个客户公司，在进入自组织之后，团队没有了那个权威的领导者，大家各司其职，结果在一个项目节点上，却很难达成一致，一个要往南进，另一个要朝北走，几轮沟通下来，团队还在原地踏步，且冲突已经影响到关系。

学会坚持、学会妥协是一件太难的事情。因为在传统组织里，当我们遇到意见不一致时，方法很简单啊，问领导！在我看来，这是一种长不大、不用面对、不用担责的方式，自然简单，学会顺从、学会执行就可以了。

而自组织要求我们：在适合的场景因为适合的目的做适合的坚持。

- 我是自身角色的领导者，我一切行动的目的就是让这个角色实现其使命和目标；
- 我开放倾听大家的想法，广泛征求大家的建议，但我拥有这件事情的最终决定权；
- 我对这个角色最终绩效结果的达成负全责。

自组织同时要求我们，在适合的场景因为适合的目的做适合的妥协。

- 绝大部分的事情没有对错好坏，只是我们的观点不同，我们需要先听见彼此；

- 当下足够好，安全可尝试的决策和推进工作（这是敏捷协同的核心原则）；

- 当我和他人的观点不同时，尝试问自己：或许我是错的。

相比科层制，我认为自组织是应对 VUCA 更有效的组织模式。其中一个重要原因就是，自组织的敏捷调适性（agile adaptive capability）。在复杂动荡的环境下，无论是豹子还是羚羊，它们唯一的生存方式就是比对方跑得更快。变得强大在 VUCA 时代已经不再是可靠的生存法则了。而这种我们称之为"自组织的敏捷调适性"的构建，我认为是个体先行，意识先行。正如在坚持和妥协之间如何动态调适，便是自组织内个体的一个很好的练习场。

从有意识到无意识，从看得见到看不见

我将自组织的实现分成四个维度：

- 自主管理

- 自主协作

- 自主决策
- 自主治理

　　每一个维度都对组织内的个体和群体提出新的要求。自组织转型并不像大部分的管理项目，有起点有终点，并很难说出什么是自组织转型成功的标准。正如同，我很难告诉你"哪一天表明春天来了"，但是我们就是能明显感受到春天来了，同时我生活在春天的每一天，但我不会刻意地天天关注到、意识到今天是春天。

　　自组织转型的这四个维度，相互影响，彼此促进，持续进化。**什么时候我们已经无意识地用新的方式运转组织，展开协同时，我认为自组织的转型就可以称作成功了。而这背后，是组织内的每一个个体心智模式、协作习惯的改变，这个过程是漫长的，是可能会自我怀疑的，是需要用力坚持的。**而当一个组织数年后真正转型成为一家自组织，其他的公司想要追赶或者学习时，那么它们也同样需要花费同样数年的时间才能实现转型。

　　做开拓者并不幼稚，做追随者也不落后，只要我们都在路上就好！

薛阳（小飞）
2020 年 7 月 上海

目　录

1

自主管理的现象

2

从科层制到自组织

3

领 导 者

4

辅助部门

5

团队教练

6

自组织的构建

7

解决方案驱动的决策模式（SDMI®）与自主管理

8
面向解决方案的会议模式

9

冲突处理

10

结尾——常见问题

引　言

　　自从我们出版了前两本关于自组织的荷兰语图书之后，很多人希望我们进一步论述：一个组织如何通过"重建"才能从科层制过渡到自组织。于是，我们就撰写了本书。

　　多年来，我们已经帮助许多组织从金字塔式的科层制转型成为去中心化的自组织。在这一过程中，我们积累了丰富的知识和经验。自主管理下的自组织是一种新的组织架构形式，并非适合于所有组织的统一蓝图。

　　自主管理的核心在于：一、围绕主要流程实施所有工作；二、相信团队成员的知识和技能。这些就是一个组织确定自身最佳管理架构的起点。由于每个工作领域都有各自的特点，不同组织的自主管理形式也可能有很大的差异。

　　在实施自主管理过程中，如果管理层仅仅部分遵循或完全不遵循自主管理的基本原则，并且继续按照"层级"方式看问题和思考问题，那么组织的转型往往难以实现。如此一段时日过后，领导者就会说"自主管理行不通"。这是一件多么令人遗憾的事情！大量事实已经证明，组织只要始终如一地坚持实践"自主管理"模式，就会取得斐然的成效。

自主管理的作用显而易见，具体包括：提高客户和员工的满意度，改善组织中所有利益相关者之间的合作关系，以及降低各类管理费用和企业管理税。

在本书中，我们展示了如何通过自主管理的方式进行组织构建。我们还解释了自主管理对于领导者、辅助人员、团队教练和团队成员的意义，并且为员工的角色定位给出了切实可行的建议。

最后，我们研究了自主管理型组织内部人员的合作方式，并介绍了一种面向解决方案的沟通方式。在我们看来，这种沟通方式最为适合自主管理型组织。此外，我们还提供了大量与日常协作、会议和冲突处理有关的具体事例。

阿斯特丽德·维米尔、本·温廷

2016 年 6 月

电子邮箱：zelfsturing@ ivs-opleidingen.nl

1

自主管理的现象

任何的政治改革或社会变革一
旦跟不上思潮的变化，便基本没有
什么用处了。

——古斯塔夫·勒庞

自 19 世纪工业革命以来，我们一直按照科层制的层级管理模式管理我们的商品生产以及后续的服务。

科层制的运作基于一种假设：一个组织可以通过有效监督和统一调度的方式管理其内部的各项流程，从而保证自身的财务健康与盈利能力。这意味着组织通常不重视"内容为本"工作流程的运作逻辑与主要流程执行人员的专业意见。科层制管理模式往往将"任务划分"与"任务专业化"视为实现良好经济效益的一种手段。然而，如果任务执行人员只负责单一专业的任务，就看不到自己的工作对组织整体效益的贡献，进而就会对组织态度冷漠，对工作失去成就感和使命感。而讽刺的是，领导者却又希望员工随时随地保持敬业度和对工作的主人翁意识。不过，由于工作模式和权力结构本身的局限，领导者的这一期待纵然经历这么多年的做功和努力，仍几乎很难实现。

近年来，人们越来越清楚地认识到，传统的组织形式不再适应时代的脚步。今天的员工都是受过良好教育的专业人士，他们热衷于利用自身的专业知识和专业技能，做好自己的工作并改进自己的工作质量。

因此，我们近年来也经常看到一些变革倡议，不仅强调经济方面的激励，而且突出"内容为本"和/或可持续性动机的重要性。弗雷德里克·莱卢（Frederic Laloux）在其撰写的《重塑组织》（*Reinventing Organizations*）一书中详细介绍了相关变革。

在荷兰，整个医疗领域呈现极端专业化。受此影响，荷兰人何塞·德·勃洛克（Jos de Blok）成立了一个名为"博组客"（Buurtzorg）的组织。他原本只是一名护士，后来成为一位领导者。在这一过程中，他亲身体验了工作碎片化带来的负面后果，因此决定改变当前的工作方式。他认为，任务执行人员（在本例中，指的是护士）是专业人士，应当可以对自身工作负责；因此，领导者不应再给他们分配碎片化的工作，而应分配一个完整的任务包。所述"任务包"包括妥善完成实际工作所需的所有任务。此外，在勃洛克看来，身为领导者，他有责任确保组织具备开展工作所需的先决条件和必要资源，也有责任及时采取措施来确保组织的财务健康。

如此一来，组织的运作围绕着主要的流程，领导者的作用在于促进而非控制。

团队的管理模式发生改变：团队成员共同对团队的工作结果负责；每个团队成员都对团队的成果作出贡献；所有团队成员一起管理团队的工作。

于是，自主管理型团队或自组织就这样应运而生了。

自主管理是由新兴管理思想发展出的一种新型管理形式，关注的是任务的管理方式和执行人员。自主管理不同于传统的层级式管理。在科层制下，领导者一手包办所有管理工作，而在自组织中，领导者需要与员工一起思考并解决问题。因此，二者在实践中存在天壤之别。

下文"自主管理的积极作用"一节将进一步阐述引入自主管理型团队的成果。

许多领导者看到了自主管理的优势，正在考虑实施自主管理转型。我们希望，领导者可以通过阅读本书，了解自主管理型组织正常运作的必要条件，从而顺利实现组织转型。

本书第 1 章将讨论自主管理或自组织（两个词的含义相同）的现象。

为何要实现自主管理?

领导者在开始自主管理转型之旅之前可能会问自己：我究竟想通过自主管理达成何种目的？一些领导者想要通过自主管理控制组织的预算，进而改善组织的财务绩效。在一定程度上，自主管理模式确实可以改善组织的财务绩效。随着团队成员自己负责管理自己的工作，组织内部的部分一线管理角色往往就变得冗余。组织通过精简冗余的管理角色可以节省一大笔开支，自然可以改善组织的财务绩效。

然而，自主管理可不是简单地削减一线管理角色，然后告诉员工：你们可以自己管理自己，并对自己的工作负责。

这是一种完全罔顾自主管理基本原则的做法。领导者开始自主管理转型进程的初衷可以是为了控制预算。但是，仅当领导者遵循自主管理的基本原则时，自主管理的成效才会真正显现。

有些组织的领导者一边推行自主管理，一边忽略员工意见，继续管控员工。这种矛盾的做法必将影响组织的后续发展。历史经验告诉我们，在这种情况下，组织的自主管理永远无法真正起步。

当组织的管理层不能遵循自主管理的基本原则时，组织最好保留层级管理模式。

自主管理是方法而非目的

因此，正如我们所看到的，自主管理是从不同角度对工作任务及其执行人员所扮演角色进行思考后得到的一种逻辑结果。自主管理不是目的，而是方法。通过自主管理，员工的工作内容（即主要流程）将在组织中发挥主导作用。

自主管理的应用形式多种多样，可以依据具体的工作领域灵活选择。例如，博组客的自主管理看起来就与教育机构或其他行业的自主管理有所不同；博组客只涉及一个行业和商业模式（即居家护理）。相比之下，职业教育机构通常涉及多个领域（即学生正在学习的不同职业领域），因此，不仅需要一位领导者，还需要负责各个领域的主管。不过，所有的自组织都有一个共同点：根据主要工作流程的要求，选择适当的自主管理形式。

在我们看来，将自主管理视为一种方法，按照自主管理的相关逻辑实现组织发展，才有可能成功建立自主管理型组织。

自主管理如何运作？

在自组织中，团队成员共同对团队的成果负责。团队决策

9

是团队所有成员协商一致的结果，因此每一名团队成员都可以对团队的决策负责。领导者与团队定期讨论组织愿景、工作框架和组织政策。团队内设置一名团队教练，负责为团队提供支持和建议。HR 和辅助部门为管理层和团队提供相关建议，并负责执行对团队来说过于专业的任务。组织提供功能完善、界面友好的 IT 技术支持，确保团队成员获得的信息足以帮助他们实现自主管理。

上文对自主管理的定义十分简短，当然需要进一步的解释。因此，我们将在下文各个章节中详细说明自主管理的各个组成要素。

工作框架

自主管理理论中经常出现"工作框架"一词。就自主管理而言，"工作框架"非常重要，因为这是团队履行职责的边界，也是组织保持健康的基本要求。

一般情况下，组织的管理层首先需要初步确定团队的工作框架，然后与团队成员进一步讨论并确定最终的工作框架。团队的工作框架至关重要，而团队成员也希望能有既定框架作为自身工作的依据。

最终的工作框架必须确保团队有足够的行动空间。工作框架一旦过于繁冗和僵化，就会限制自主管理的程度。工作框架必须有助于工作进展，不能成为工作的阻碍。因此，管理层必须就工作框架一事，持续地与团队和团队教练进行对话，并且随时作出相应的变更和调整。

工作框架可以涵盖生产效率、团队合作、团队成员教育水平要求、产品质量、客户满意度、区域分销、工作资源等领域。良好的工作氛围非常重要，因此，团队合作的框架也非常重要。例如，"尊重团队内部差异"就是团队合作中可以建立的一种工作框架。

我们必须尽可能减少无用的工作框架，同时尽可能建立必要的工作框架。各个行业、部门或工作领域必须根据自身实际情况建立框架。此外，框架也反映了一个组织的使命。例如，一个家庭护理组织可能会建立如下框架：让患者享受到居家式的舒适护理服务。

质量保证

对于自主管理运作方式，常有人批评："自主管理怎么保证质量？不能让执行任务的团队充当质量把关者吧！他们缺少专业知识和大局观……"

诸如此类的论点往往都表现出对任务团队的质量保证知识和技能缺乏信心或完全没有信心。然而，自主管理的基础原则之一恰恰就是信任任务团队；毕竟，他们已经接受过相关的专业培训。这一基础原则同样适用于质量保证流程。也许，任务团队尚未习惯从质量标准的角度来思考问题，也还没有建立明确的质量标准，但这并不意味着他们不知道什么是好的质量。

管理层和辅助部门的任务是采用团队成员可以实现的质量框架和形式（仅适用于团队成员无法独立实施质量保证并需要相关框架和形式的情况），促进团队的质量保证工作。

领导者如果发现某个团队的质量水平有所欠缺，他就会在与相关团队开会期间提出如下问题："你们团队需要什么资源才能确保工作质量？"如果相关团队不能立即给出具体的答案，领导者可以提供其他团队的范例，或者推荐一名质量专员（若有）来帮助他们。团队教练还可以帮助团队制定具体的质量协议。在不同团队中，质量保证的意味也有所不同：有的团队可能需要在向客户交付成品之前创建一个检查清单，有的团队可能需要通过一个运行良好的系统来报告客户的健康状况，而有的团队则可能需要引入一套瞳孔监测系统。

建立任何质量体系时，务必让使用者感到它是一个有用、可行的体系，否则必然适得其反。

过犹不及

在传统组织中，管理者负责控制和监视各个系统，并建立各类管控制度。这导致了组织内部产生了人人需要遵守的纷繁复杂的无数规章制度。许多管理者不仅要制定规章制度，而且还要确保所有规章制度都得到切实的遵守。

在自组织中，我们只做有助于实现团队目标达成的事情，包括剔除那些对团队成果无益且不必要的规章制度。

从科层制转型到自组织的过程中，组织很快就会发现：此前认为必要的许多规章制度实际上是团队发展道路上的绊脚石。因此，整个组织必须一起确定内部规章制度是否有助于主要流程的顺利执行。如果不是，相关规章制度就可以废除。经验表明，有的组织内部存在大量可以废除的规章制度。例如，有一个拥有 2000 名员工的组织，在自主管理转型的初期保留了原有 1200 条的规章制度，具体涵盖长期服务、质量控制等方面。后来，组织与员工一起检查后发现，其中仅有 300 条规章制度有助于主要流程的顺利执行！

显然，清理非必要规章制度有助于组织清楚地了解自身情况。此外，没有了必须执行的冗余操作，组织可以节省大量时间。这些时间可以用于完成一些基础工作，例如，服务客户或者培训员工。

允许差异

一旦有了明确的工作框架，团队可以在框架内完成工作并作出决策。然后，我们就会慢慢看到各个团队开始出现差异。如此一来，"对"与"错"之间的区别不再明显，而从控制角度考虑问题的领导者则会对此感到恼怒并提出反对意见。

然而，一旦我们着眼于主要流程就会发现，为了能够响应客户的需求，团队之间的差异有时非常必要。毕竟，这是自组织的目标之一。例如，如果一个家庭护理团队服务于一个主要居住者为年轻劳动力的社区，而另一个家庭护理团队则服务于一个主要居住者为老年人的社区，那么这两个团队的团队协议必然不同。

自主管理对不同职能群体的影响

自主管理不仅影响工作流程的组织方式，而且还会影响员工的工作方式。本节将简要介绍"在自组织内工作"与"在科层制组织内工作"对各个职能群体意味着什么。

下文将深入地探讨在自组织内工作的意义。

管理层

在科层制组织中，"监管员工的工作结果和质量"是管理者的一项重要任务，每个管理者都必须监管好自己的下属员工。有些科层制组织设置的层级数量可能多达十几级。在自组织中，团队成员同时负责自我监督和相互监督。在科层制组织中，运营领导者负责管理工作执行情况，因此也负责团队的工作结果。一旦组织将上述工作分配给团队成员，运营管理者的职能可能消失，也应该消失。这是因为当团队成员和管理者都对结果负责时，二者都无法很好地完成工作。

自组织的进一步发展也显示了中层管理存在的合理性。各个组织可以根据工作领域和团队数量，审查各管理层是否发挥作用。工作内容涉及多个领域或工作地点位于多个区域的组织，往往会为每个工作领域指定一名管理者。例如，一家零售连锁店可能会为每个产品类目指定一名管理者，然后再任命一名高层领导者总揽全局。一家同时提供院内护理和院外护理的医疗机构，可能会设置一名院内护理管理者和一名院外护理管理者，以及一名与前述两名管理者共同确定整个机构流程的高层领导者。不过，也有一些组织选择取消一线管理者，然后由区域或产品管理者组成一个为整个组织负责的自主管理型团队。

领导者的任务共有 3 项：

——推动团队通过各司其职以实现组织的愿景与使命。

——支持协助团队，为团队成员提供完成工作所需的资源，包括建立团队预算，引进专家，提供行政、学习培训机会和 IT 技术设施支持，以及构建工作框架。

——对自身部门或组织承担最终责任，这意味着有时必须作出艰难的决定——例如，当团队成员没有始终如一地遵守某一框架，或者个别员工没有正确地完成工作时，领导者需要作出一些艰难的决定。

在自组织中，管理者的一个最大变化在于思考问题的方式发生了转变；以前管理者一手包办所有管理问题，现在管理者需要与员工一起思考并解决问题。

换句话说，管理者不再自行决定为员工提供何种帮助，而是应询问员工需要何种帮助。

辅助部门

在科层制组织中，HR 与许多辅助部门的工作任务是制定各类规章制度，降低主要流程管理难度，以及根据具体工作领域向一线员工提供建议。

在自组织中，由于控制组织各个流程变得不那么重要，因此，规章制度的制定并不那么频繁。

HR 需要更加注重为那些乍看似乎相同的问题寻找多元化的解决方案。在自组织中，团队成员必须能够充分响应客户的需求。这意味着，同一个解决方案很可能对一个团队有效，但对另一个团队却无效。在这种情况下，HR 必须为另一个团队找到其他解决方案。例如，消防队遇到的问题很可能大体相同，但城市消防队的火灾扑救方案就与农村消防队有所不同。

HR 的员工必须像对待客户一样对待其他部门的员工，始终保持友好态度，这样才能"想出"符合团队需求的具体解决方案。

团队成员

团队成员一旦开始自主管理，层出不穷的变化将接踵而至。在科层制组织中，管理者负责作出决策，因此，员工只需承担很小的责任。员工与管理者之间只有一种单一的关系：员工接受领导者分配的任务，但对任务以及最终的结果却并不承担责任。

在自组织中，团队成员共同对团队的工作结果负责。因此，团队成员必须始终保持合作的态度。此外，团队成员采用面向解决方案的沟通方式，不会陷入问题的泥潭，反而会积极达成共识，共同推进任务的完成。

由于团队成员共同对团队的成果负责，团队决策是所有成员协商一致的结果，因此，每个团队成员都认为团队决策具有可行性，并且认为自身对团队决策负有责任。由此可见，良好的团队沟通是自主管理型团队的一项主要手段。

此外，自组织的成员之间是一种守望相助的关系。团队成员不仅需要研究如何找出匹配个人素质的工作方式，而且需要在同事无法达成目标时一起商讨解决方案。这说起来简单，做起来可不容易。在过去，这一直是领导者的工作。因此，团队成员并没有任何惯例可循。

最后，我们需要提到的是，自主管理型团队的成员在工作中需要承担某些管理职责。例如，团队成员看到团队的生产效率下降时，必须采取行动，促进团队以更具成本效益的方式进行工作。

团队教练

在自组织中，通常需要一位团队教练来帮助团队实现自主管理。团队教练对团队内部讨论的问题没有话语权，也不是团队的组成部分。

团队教练的任务是帮助整个团队和所有成员。因此，在任何情况下，对于所有团队成员而言，团队教练都必须是一位客观公正的好听众。团队教练越是坚持客观公正的工作态度，就越能帮助团队成员一起找到解决问题的好办法。

为了给团队提供良好的支持，团队教练必须营造一个可供团队自由讨论错误根源并提出相关问题的安全环境。

误区

上文已经谈到了自组织构建过程中可能存在的一些误区。这里提供一份常见误区列表：

- 越俎代庖，自以为是：在自组织中，全体员工属于合作关系。每个员工在其特定的角色上都会尽可能满足产品或服务的生产或交付需求。一名团队成员为其他成员作决定时，就漠视了对方的专业性，这会引起不满，妨碍团队合作。

- 允许团队内部形成层级结构：在自主管理型团队中，全体成员一起负责执行组织任务；当某个成员在特定领域扮演"老板"角色时，团队成员之间就会失去平等地位，自主管理型团队也会失去力量。

- 想要管控太多：领导者习惯于制定规则，以至于在自组织中也很难改变固有习惯；这样做很大程度上剥夺了团队的决策空间，导致自主管理无法正常起步甚至可能遭受压制。

- 辅助设施太少：团队需要辅助设施来履行职责。领导者必须提供这些辅助设施。没有足够的回旋余地和良好的信息来源，团队成员就无法对团队结果产生影响。因此，这也可能是某些组织的自主管理进程从未真正起步的原因。

自主管理的积极作用

本章的最后将介绍自主管理的积极作用。

自主管理运作良好的话，员工满意度会大幅提高。当员工能够掌控自己的工作，并且能够创造性地解决工作中的挑战和难题时，就会欢欣鼓舞、士气大振。在这种情况下，他们往往会说这样一句话："我终于可以学以致用了！"

团队成员在履行职责时表现出的专业精神往往会震撼到领导者，自然也会对客户满意度产生直接影响。客户会觉得团队成员听取了他们的意见并考虑到了他们的个人需求。

自主管理还能提高组织的工作效率。组织在实现自主管理之后，只需花费较少的时间进行监控和管理工作，这意味着管理成本的大幅降低，也意味着人力需求减少。此外，自主管理还能简化组织规章制度，使员工对自身组织有一个更清楚的了解。不仅如此，自主管理还能缩短沟通路径，整个组织可以省出更多的时间来完成其他更具实质性的任务。

基本上，这对每个人来说都是值得的……

自主管理的积极作用

——提高员工满意度

——提高客户满意度

——降低管理成本

——缩短沟通路径

——简化规章制度

2

从科层制到自组织

在事情未完成之前，一切都看
似不可能。

　　　　　　——纳尔逊·曼德拉

　　鉴于自主管理的诸多好处，越来越多的组织决定迈向自组织，开启组织转型的旅程。然而，作出转型决定只是一个开始，接下来各种问题就会接踵而来：如何转型？如何才能"扭转"整个组织？一直以来，组织转型都不是一件容易的事情。不仅组织本身需要一个新的模式和架构，组织成员也必须改变自身的行为方式。

　　我们观察到，管理层若从决定转型的那一刻起，就按照自主管理的基本原则思考和行动，确实会对组织转型大有助益。这可以确保整个转型过渡过程能够给人留下可信的印象，还会让整个变革过程充满动力，组织因此能够更快地实现自主管理。

　　如果管理层没有接受自主管理的相关思想就走上自主管理

转型的道路，那么这个过程就好比在流沙上建房子，终将徒劳无功。

员工和管理者会很困惑："我现在需要做什么，不需要做什么？我能影响什么，不能影响什么？"

本章将介绍影响组织转型的各类问题，以及如何在实践中解决这些问题。

员工对组织愿景和组织架构的认同

管理者在具体实施之前，务必与组织的其他成员一起讨论自主管理模式及其作用。

所谓"组织的其他成员"，包括其他管理人员（中下层框架）、工作执行人员，以及辅助人员。

管理者要想顺利引入自主管理，必须确保组织的所有成员都参与整个引入过程。此外，组织的所有成员还要积极地给出意见和建议。

大多数员工都认为自组织是一种先进的组织架构。然而，也有少数员工不喜欢自主管理，因为自主管理在很大程度上依赖于员工个人的合作技能、奉献意愿和责任感。管理者在一定程度上确实要考虑这个问题。然而，管理者的工作是决定组织的发展进程，其中就包括选择组织的架构，而获得所有员工的认同并不在其列。

如果大多数执行工作的员工都严肃地提出反对意见，那么管理者最好根据员工的反对意见，采取一些适当的措施，引导员工一起实现自主管理。通过考虑利益相关者的意见，管理者可以对外表明自己正积极地想要按照自主管理原则工作。

管理者（尤其是那些直接监督执行人员的管理者）注意到，组织实施自主管理之后，管理者的一些职责被取消，或转变成被自组织整个机制本身所吸收。在管理者看来，这通常意味着他们要丢掉饭碗了。于是，管理者可能会选择冗余方案，或者将相关员工调去负责基础性工作。不难预见，这将导致团队在创建自主管理型组织方面的积极性不会很高。

创建蓝图还是建立模型？

组织变革基本上有两种实现方法：创建蓝图和建立模型。本章受篇幅所限，只能在论述自主管理的过程中简要地介绍这两种方法。

在多数情况下，领导者都会选择创建蓝图来实施组织变革。经过分析之后，领导者会制定相关时间表，并逐步执行计划；组织成员依据所述蓝图实施具体步骤。在创建蓝图时，领导者往往没有考虑到员工在实际执行过程中的个人意愿。因此，员工无法认同组织变革。另外，领导者制订的计划过于详尽，也导致员工很少有或根本没有空间对实施阶段出现的各类情况作出反应。

与之相反的是，自组织的创建过程倡导整个组织的不同成员之间展开对话，一起讨论实现"新"组织的最佳方式；执行主要流程的员工扮演着与领导者和辅助人员同等重要的角色。

综上所述，我们认为组织变革的最好方式是建立模型：组织全体成员参与制订变革计划，整个过程都要考虑每个拟订步骤的影响。如此一来，所有阶段都严格符合当前实际，整个变革过程也完全根据组织的实际情况进行量身定制。

试点

首先，组织可以从内部选择一个部门来实施自主管理。这个部门可以探索：哪些措施有效，哪些措施无效？团队成员需要知道什么，能够做什么？哪些方面多余，哪些方面可以忽略？然后，其他部门开展自主管理时可以借鉴这个部门的成功经验和失败教训。有时，相比管理层的激励（这可能只是一种额外的激励），同事的激励更能让员工充满斗志。

试点实施的好处在于：实施初期不可避免的各类问题只会影响组织的一小部分。此外，组织规模越小，越容易寻找到解决问题的好方法。在引入自主管理的过程中，组织总会遇到某些问题（例如，组织想要建立一个稳定的 IT 系统，就必须通过在实践中不断进行测试，才能知道系统是否运行良好）。如果进行试点实施，组织就能在试点阶段找到大部分问题的最佳解决方案。

需要注意的是，试点工作必须在一个或多或少代表整个组织的部门中进行，否则试点部门的经验很难应用到组织的其他部门。如果组织不存在（也无法创建）代表性的部门，那我们建议组织不要进行试点。

辅助部门也要参与试点，以便组织了解自主管理对辅助部门的影响。

在试点阶段，组织必须定期讨论试点经验和成果，进一步明确整个组织的自主管理实施计划。

分阶段实施

当一个管理团队选择分阶段实施自主管理时，我们就能看到一个组织在与利益相关者的合作中会如何"倾斜"。分阶段实施还须考虑如何在确保组织转型不过度影响客户或生产过程的同时适当地开展工作。分阶段实施就好比在做家庭装修规划：应该先做哪些事情，然后再做哪些事情，才不会事倍功半？先铺一层漂亮的地板，然后拆掉一堵墙，这显然不是个好主意！同理，在分阶段实施自主管理的过程中，首先拆除运营框架，然后指示团队进行自主管理，却不提供任何帮助团队成员实现自主管理的设施，这也不是一个好主意。

有效的措施

●管理层做好实施"自主管理"的各项准备，并认可自主管理的基本原则。

●与团队成员沟通自主管理的各种优点。

●提供必备的辅助设施。

●与团队成员一起设定团队实现自主管理的最终期限。

●允许有能力/有意愿的团队先开始实施，其他团队可以自行选择合适的时机跟进。

●持续评估实施进度，本着自主管理的精神解决相关问题。

最后需要注意的是，永远不要停下探索的脚步。如前所述，组织是有生命的，社会和组织总在不断发展，我们需要不断地适应各种变化。

一次性切换

有些组织选择在某一特定日期将整个组织从传统的层级管理模式切换成新型的自主管理模式。事实证明，这种切换方法的效果也很不错。

想要成功地实现切换，组织必须制订一个发展计划，分步骤地介绍组织应该如何满足自主管理型组织的各项要求。我们故意称之为"发展计划"，而不是"实施计划"，这是因为组织在努力实现自主管理的同时，也需要有偏离计划和充分应对新形式的空间。如果制订的是"实施计划"，组织就将面临下列风险：组织可能会希望按照设计好的步骤去实施计划，即使在必要的时候也不会给自己留下太大偏离计划的空间。

组织的自主管理发展计划从一开始就应该对部门和团队的自主管理实施方式进行区分。因此，发展计划应该更多地阐述组织应该采取的具体步骤以及需要提供的必要设施，而不是转型的内容。例如，一份实施计划有时需要规定组织如何在不同的团队和团队成员之间分配培训预算。但是，自主管理的优点就在于实体（部门和/或团队）自己可以决定自己需要什么帮助或资源。一个正处高速发展期的部门在使用培训预算方面肯定不同于一个已经进入稳定发展期的部门。

此外，我们看到，许多组织会设立一个由团队成员、辅助人员和领导者组成的工作组来专门负责相关的准备工作。当然，这些人都是自愿加入工作组的。然而，这种工作方式可能产生负面影响：想要加入工作组的人员都热衷于实现自主管理；这意味着不那么热衷的人员无法向组织传达他们的意见。尽管这些人抱着批评态度（甚至可能没有动机），但可能会提出许多尚未引发广泛关注的问题。当负责准备工作的工作组由一群如此有偏向性的人员组成时，组织中其他感兴趣的人员都被排除在外。这些被排除在外的人员最经常说的是"我真的对他们提出的一切都不太满意"，或者"他们不知道我们在工作中到底发生了什么，他们从不问我们怎么想……"，或者"总是那么几个人说了算……"。

在转型之初，组织通常会进行一次基础评估：每个人对自主管理模式有什么看法和期待？自主管理实施一段时间之后，组织会再次进行评估，看看员工是否已经改变看法。

然而，如果员工对自主管理型组织没有任何具体印象（因为几乎没有人在一个真正运作良好的自主管理型组织中工作过），那么评估的标准实际上并不清楚。如果组织在近几年已经发生了多次重组，那么员工的反馈将会相当消极，"无论变革多少次，都不会有任何实际效果"，"嗯，至少不会变得更糟"……

领导者如果想要了解组织成员在实施自主管理前后的体验，可以在实施前询问员工"期望通过引入自主管理来实现什么结果"，然后在实施几个月（甚至几年）之后评估组织是否已经成功实现员工所期望的结果。这样的话，管理层可以更容易掌握变革方向并实现目标。

项目经理

在项目实施过程中，一些组织会设立项目经理。一般而言，项目经理可分成两类：组织内部的项目经理，或外聘的项目经理。当然，问题的关键在于：组织选择哪一类项目经理？为什么？组织给内部和/或外聘项目经理分配了什么任务？

我们先来谈谈组织选用内部项目经理的情况。那么，相关的问题又来了：组织通过任命内部项目经理来引入自主管理时，内部项目经理需要实现什么目标？

例如，内部项目经理可以承担管理层的部分工作。如前所述，在进一步构建组织结构时，咨询团队发挥着重要的作用。

自主管理的实现需要时间，项目经理可以做很多必要的准备工作。这有一个前提条件：项目经理必须持中立的立场，只负责收集信息——评估分析信息是管理层的责任。

内部项目经理的任务还包括：记录领导者之间以及领导者与其他人员之间的讨论，跟踪项目进度，必要时就后续行动提供建议，以及启动后续行动。

此外，虽然内部项目经理对组织实施自主管理的方式没有话语权，但是组织可以委派内部项目经理作为一名成熟适任的合作伙伴参与讨论。否则的话，项目经理只能做做秘书的工作。说起来，项目经理做秘书的工作也不是什么大问题，但如果只是为了完成秘书的工作，直接请个秘书不是更好也更省钱？

我们并不认为内部项目经理是组织成功引入自主管理的关键。

外聘项目经理的情况也大致相同。组织选用外聘项目经理时，务必清楚自身想要外聘项目经理达成何种目标。一般来说，在领导者眼中，外聘项目经理必须带来附加价值。外聘项目经理的优势在于可以带来大量的专业知识，切实为已经深入开展自主管理的组织提供帮助。

外聘项目经理最好根据开发模型与管理层展开合作，携手审查后续活动的各种方案，然后管理层负责作出最终决定。

创造条件并提供设施

组织一旦决定实施自主管理，就必须创造条件并提供必要设施。

团队成果的具体约定

一个团队如果根据结果来实施自主管理，那就不可避免地需要描述相关结果。一旦明确目标，组织就更容易确定达到目标所需采取的行动。

团队的工作框架中包含预期的结果（例如，团队的生产效率至少需要达到65%）。另外，组织的愿景或使命也可以体现团队的目标/结果（如，在×区提供居家照顾和护理服务）。

工作框架

在实现自主管理的过程中，领导者务必为团队构建工作框架，以便确定团队可以自由行事的范围。

通常情况下，领导者负责草拟团队的工作框架，然后与团队协商并达成一致。此外，团队也可以描述他们需要知道的信息，以便知道他们拥有多大的回旋余地，以及需要哪些帮助或资源才能实现他们的目标。

监测并影响结果

团队成员必须能够看到自己的工作和活动对团队结果的影响，并且据此作出有效的调整。在传统的组织中，领导者接收数据并相应地分配团队任务。

自组织的运作方式完全不同：团队成员对结果负责，因此需要能够影响结果；但是，要想影响结果，团队成员必须收到关于其工作成效的直接反馈；如果团队成员制定了一个更加高效的进度表（即两次任务之间的"等待时间"更短），那么他们可以为更多的客户服务，从而提高生产效率。即时的反馈可以激励团队做得更好。

因此，组织需要开发一个好的 IT 系统，方便团队顺利地获得反馈信息。这样一个系统不仅需要提供与生产效率有关的数据，还需要提供与缺勤、可用预算、质量监控规程和团队内部合作协商程序有关的数据。

领导者也可以询问团队成员需要什么信息才能改进他们的工作流程。

执行团队任务的时间

在自主管理型组织中，团队成员除了执行实际工作之外，还要负责管理工作。组织在开始实施自主管理之前，就应该早已预料到这一点。管理工作所必须执行的任务可能包括：制定时间表、拜访客户、召开团队会议讨论团队的进展、评估工作质量、解决日常问题，以及制订未来计划。在科层制组织中，管理者负责承担管理工作，并且有充足的时间完成相关工作。在自主管理型组织中，团队成员显然也需要时间来执行管理工作，而且必须在团队实施自主管理之前就拥有这样的时间。

领导者必须对团队分配到的任务、大概的完成时间以及需要的辅助服务进行审查。

培训

对比在科层制管理团队中工作，在自主管理型团队中工作需要不同的素质。成员之间需要平等沟通，善于互相请教，协商一致作决定，就未履行的行为和未完成的协议达成共识。此外，成员还必须学会根据结果导向进行思考，寻求影响结果的方法。

自组织中的管理者要能够提出好问题，让团队成员分担任务及责任，并且能够为团队提供帮助，但不是为他们解决问题。辅助部门必须对客户友好，并对主要流程提供支持。

在传统组织中，管理层或 HR 通常决定员工个人能够掌握新技能的最佳方式，然后会制订培训计划。无论培训计划的内容有用与否，组织内的各类员工都要按计划接受培训。毕竟，对于领导者而言，统一性对于控制变化至关重要。

然而，在自主管理模式中，培训之前需要先确定团队成员妥善地执行工作所需要的技能，然后根据相关要求反查出团队成员所欠缺技能，最后再确定所欠缺技能的培训方式。

这可能意味着除了组织培训课程外，有些人通过观察他人、看书或看电影也可以学得更好。培训的有用性也可能有所不同。首次实施自主管理时，一个团队可能喜欢接受培训，而另一个团队可能更喜欢先以"新的"方式工作一段时间，然后再根据工作体验来提出具体的问题。

因此，组织在引入自主管理时，务必为员工提供不同的方式，让每个人有自由以自己的方式和自己的时间去掌握新技能。

这就意味着员工将更有动力学习，更容易掌握所学知识。引用财务术语来说更为形象：只有实际有需要的培训才能有所收益。团队成员不必因为学习不需要的知识而感觉负累。

雇佣合同的变更

自组织对团队成员有不同的要求。刚进入自组织的员工通常不了解自组织对员工的独特要求与期望。这可能会给团队合作带来一些麻烦。组织务必在招聘过程中明确表达自身对员工的要求。雇佣合同条款中也包含相关要求，只是表述得更加清晰。当新员工签署合同时，可以假定他知道组织的要求，并且也可以跟他强调相关要求。例如，雇佣合同中可以包含下列规定：

● 团队成员应对工作内容、生产率、工作实践、工作质量和团队协作负责。

● 团队基于全体成员的共识进行决策。

这些条款不仅可以帮助团队成员解决彼此之间的问题，而且可以让团队成员从一开始工作就知道自主管理型团队对成员的要求。

与"用户"一起开发辅助设施

前文所述的所有辅助设施必须让团队成员（即用户）体验到：这些辅助设施对他们的工作有所帮助，而非造成阻碍。如果团队成员不能在履行职责时利用这些设施创造额外价值，他们就会设法避开相关设施。

IT 系统开发人员经常会组合出一些功能强大但操作不大方便的系统。他们忽略了组织中的普通员工没有 IT 背景，只会使用简单且逻辑合理的系统，尽管这些系统在设计者眼里简单得可怕。但是，存在即合理。IT 开发人员（以及组织中的所有其他辅助人员）必须为客户（即团队成员）提供便利。

其他辅助设施的构建也需要与团队成员协商。简单地说，组织是一个动态的实体，内外部环境也经常变化。这意味着管理层与团队之间关于辅助设施性能和特点的讨论是个持续不断的话题。

服务中心

如果组织一开始就以自主管理模式运作，那么组织可以建立一个服务中心，帮助团队成员带着问题展开工作。服务中心可以确保相关问题由对应的人员进行处理。我们将在第 4 章中再进一步讨论这个话题。

团队重组和团队架构

由于自组织模式的引入，组织有机会审查自身结构和团队的组织方式。每个团队的共同成果是否由合适的员工来实现？相关职责是否归类于正确的服务或部门之下？区域是否按逻辑划分？组织是否为专家安排了合适的位置或分配到合适的团队？

团队成员比其他任何人都更了解这些问题的答案。有的团队成员可能被相关问题困扰了多年。例如，有的成员已被分配到其他团队，但日常时间还是跟原来的团队一起工作。

对组织进行重组时，还应考虑所需的管理人员的数量和类型，以及变更对辅助部门意味着什么，相关服务在逻辑上如何契合自主管理型组织。

考虑到这一点，团队可能需要相当长的时间进行讨论以及组织重组。毕竟，该过程实际上是在建立一个新的组织……

关于新架构的规划，组织可以与股东讨论，最终设计方案则必须由管理层/董事会确定。

废弃不必要的规章制度

重新设计组织时，可以检查当前的规章制度，看看哪些是对成功完成工作有用的，同时找出不必要的甚至适得其反的规章制度。

自主管理的宗旨是实现目标并推动实现过程。有过体验的人们都知道，规章制度约束越少，工作越令人愉快。这样的话，组织才能集中精力实现核心目标。例如，警察多年来一直抱怨官僚机构数量庞大，导致他们疲于填写各种表格，而没有太多时间惩治犯罪。

因此，我们的目标是尽可能减少不必要的规章制度。或正面来说：只设定有助于工作执行的规章制度。

顺便说一句，在引入自主管理之后，这种情况会持续很长时间，因为领导者总会倾向于制定新的规则和准则来满足掌控的需要。在许多情况下，一个问题有一个解决方案就足够了，不需要再来制定另外一条规章制度。只有"控制思路"退居次席，自主管理的组织才能真正地发展。

管理者能做团队教练？

组织通常会再培训团队负责人以作为团队教练。向自主管理的过渡意味着这些员工供大于求，这就需要在组织内找到新职位或被裁掉。后者对组织并不总是有吸引力，因有时需要支付高额的遣散费，所以团队教练的职位可以给这类员工以新的发展机会创造价值。这是一个显而易见的选择，但我们也须对此保持警惕。

在一些情况下，所有团队负责人都被调到了团队教练的位置。团队教练教导的数量与他曾经领导过的团队数量相同（平均一到三个）。鉴于团队负责人的任务现在成了团队的职责，且团队教练只在必要时为团队做些事情，很显然，团队教练将有大量的空闲时间。曾经作为团队负责人的经验意味着他确切地知道团队中正在发生的事情，因此他会过多地（通常未被要求）干预团队。如果他不是一个很民主的团队负责人，那么他将不会隐瞒自己的意见，然后会让团队确切知道他们应该怎样做才最好。这显然破坏了实现自主管理的自然过程。团队甚至可能会反对教练的干预，并试图将他排除在外。

这种情况是可以避免的：尽可能少地任命团队教练，并且不允许指导此前他担任过团队负责人的团队。

第二个潜在的危险是成为团队教练的团队负责人可能不具备很好地发挥该角色应有的作用的才能。团队负责人的职责与团队教练的职责完全不同，需要不同的技能。团队负责人管理团队，了解工作内容，他承担最终责任，并监控工作的执行情况。

相反，团队教练对团队工作内容一无所知（第 5 章中有更多介绍），当然也无法为团队作决定。他不必担责，因此不监督任何事情。

一些曾经是团队负责人的团队教练不（或不想）了解这一点，因此不适合担任教练的职位。

一直以民主方式领导的团队负责人很有机会胜任团队教练，即使在层级制度时期，此类团队负责人也可能赞同所有对自主管理至关重要的原则，并且始终对员工的素质充满信心。

因此，重要的是要确保制定好的选拔程序来任命好的团队教练。

管理者本质上也倾向自主管理

在实施过程中，重要的是要仔细观察管理者在新局面下履行职责的方式。董事会决定转为自主管理，但这与团队应用相距还远。如果直属董事会级别下的管理者并非全心全意地支持自主管理模式，他们将会继续以层级的方式进行管理，这会造成混乱。通常认为此类管理者只是在做应做的事情，但实际上我们看到过很多例子，管理者很明显地不喜欢自主管理，并且在与团队打交道时破坏了该体系。

在与管理者讨论引入自主管理的后果时，务必注意管理者本人必须回答他是否可以并且将以这种方式工作。该级别的管理者通常非常有意地选择担任一个层级感强的管理职位，现在他们发现自己被要求不是为团队思考，而是与团队一起思考。不是作为"老板"，而是被要求采取助攻性的、促进性的立场。这常常与他们自己的想象不符。

如果被问及的管理者无法将自己视为一个推进者，那么对他来说，最好还是寻找另一个适合他发挥管理才能的工作环境。

每个人都处在自组织中吗?

自主管理是实现目标的一种手段。如果有很多员工一起工作可以为客户和团队成员创造附加值，那么自主管理是一个不错的选择。但如果没有产生附加值，那么也没有理由使团队自主管理。

对于由员工组成的团队来说，这似乎都是对的，每个员工都有各自的工作量并管理自己的日程。团队教练经常与自己的自主管理型团队一起，但他们不知道应该一起管理什么。最后，没有需要分担的责任，没有共同目标，也没有相互依赖（除了也许是为了分享经验并就工作质量彼此提出建议，但这不是在自主管理框架中工作的基础）。

这同样适用于在整个组织中为团队工作的其他专业伙伴，没有共同目标，因此也没有责任。

在这种情况下，将员工安排在每个人都可以与之讨论进度的管理者下，将是更合乎逻辑的。

在由专家组成的团队中组织相互交流（点对点指导）可能是有用的。人们可以就实质性和方法性问题互相询问和给出建议。这里的陷阱是，人们试图就解决问题的方法达成共识。然后，他们冒着就统一规则达成协议的风险，而聘请具有自己案件量的专家。有利之处恰恰是他有能力确定针对特定问题的具体解决方案。因此，交流培训应集中在提高质量和增强员工对自己的行为的洞察力上。

其他形式

有时，许多员工需要做一些明确定义的临时任务，例如准备年度报告、开展广告活动或开发新产品。相关人员在项目期内组成一个自主管理型团队。原则上，相同的"游戏规则"（可能进行了一些修改）也适用于始终保持自主管理的团队。

在组建团队时，工作内容将作为组织工作的起点（在这种情况下，"项目"就是主要流程）。

那么，要实现的目标是什么（例如，制作年度报告）？哪个员工要朝着这个目标执行任务？他拥有什么权力？实现目标需要哪些帮助？谁负责提供这些帮助？何时需要完成任务？

临时的自组织团队必须确保切实完成相关工作并将与客户（本例中，客户是指管理层/董事会）商定相关进度。

隶属于团队的专家也是如此，这在卫生保健领域是普遍现象。在卫生保健领域中，由小组领导、青年社会福利工作者、精神病科护士、庇护所住房主管等组成团队，他们在自主管理型团队中一起工作，以照料、协助和/或护理一组客户。例如，补救性教育学家、心理学家或精神科医生经常与他们联系以讨论和调整工作方法。这些专家有时会永久绑定在自主管理型团队中以一定比例的全职人力工时（Full Time Employee，FTE）进行工作，以支持团队使用方法而非执行本身来工作。这意味着他们不执行任何团队任务，不列入花名册，也不参加假期计划等。他们直属于某个领导者监管。

然后，专家与其工作的团队共同负责提供治疗和咨询方法。

自主管理意味着彻底的文化变革！

自主管理代表着一种不同的团队合作方式，即放弃"发号施令与进度监督"，转而关注个人责任和团队责任。这种合作方式需要领导者和员工的相互信任和友好协商。在涉及工作成果、质量、进展和客户价值等问题时，双方还需要采取"直言不讳"的沟通方式。不仅如此，团队成员不再对任务负责，但整个团队需要对任务负责。这一切通常被视为一种文化变革——事实往往也是如此。

不过，自主管理所需的灵活性更高。在自组织中，团队成员需要相互高度理解，更多考虑彼此，加强与质量和工作流程有关的沟通，提高个人工作积极性，承担管理责任，等等。

通常情况下，团队成员已经掌握了不同工作方式所需的各类技能，但这些技能在实际工作中并不总能用得上。在实现自主管理之前，团队成员可能已经将这些技能用于运营体育会所、组织活动、提供志愿者服务，或"仅仅"用于维系家庭关系。团队成员当然希望也能够在工作中应用这些技能。

我们认为，自主管理并非真正的文化变革，只是更看重工作质量和员工素质。所以，组织在具体实施过程中不要太过强调自主管理的优点，只需充分发挥团队成员目前已经掌握的技能即可。

组织不需要对自主管理的实施进行大肆宣扬，例如，举行大型派对、发放炫酷礼物、让主持人穿着轮滑鞋来主持会议，或者拍摄一段高层领导者身穿运动服并高喊口号的视频短片。

如果组织还是一如既往地按照"自上而下实施监管"的方式分配任务，那就说明领导者尚未真正了解自主管理的内涵。这样的话，组织不如留着钱，别搞那些没用的噱头。

3

领 导 者

欲变世界，先变其身。

——圣雄·甘地

放权与推进

时至今日，团队如能保质保量地负责自身工作，仍是难能可贵。这意味着，领导者虽然仍需对工作承担最终责任，但其职责却发生变化：只负责审批团队的工作框架，不再干涉团队的日常工作过程。

将自己多年来一直负责的工作放权给他人执行，这并不是一件容易的事情。不仅如此，"究竟哪些工作需要放权"也是一大问题。此处的"放权"是指，只要团队能在指定框架内正常工作，就不应干涉团队的工作方式。领导者必须相信，团队会在必要的时候寻求帮助，并且会定期向领导者汇报进度。

领导者有时会因为害怕团队出现混乱而坚持事必躬亲，并制定严格的规章制度。然而，经验表明，随着工作框架的扩大，只要团队的所有成员达成共识，团队内部就不会出现任何混乱。领导者放权之后，团队成员将为团队内部发生的所有事情承担全部责任，并会尽一切努力确保工作的顺利完成。

如果领导者愿意放权并专注于简化工作流程，那么整个组织将很有可能成为自主管理型组织。

领导者应当如何构建团队的工作框架?

某些时候，领导者需要为团队构建可行的工作框架。许多领导者都为此犯难，因为科层制组织并不要求领导者承担此项职责。在科层制组织中，领导者负责制定规章制度并分配任务。然而，在自组织中，团队成员可以在工作框架内自行决策。大多数领导者对此感到陌生。

从何处开始着手? 管理规定何时可归入工作框架（而非规章制度)? 工作框架范围多大? 如何确保质量? 如何确保团队成员遵循工作框架?

首先，法律中有许多关于工作框架的规定。例如，法律规定，员工绩效欠佳时，组织不能直接将其辞退，而应为其提供一个改进机会，并且需要创建专门的文件来记录组织为此采取的所有措施（相关文件的创建方式和格式由组织自行决定）。这就是所谓的"工作框架"。科层制组织往往会对相关文件进行详细的规定。但是，有必要这样做吗？经验表明，哪怕团队与绩效欠佳的团队成员之间通过电子邮件进行沟通，只要双方能够达成共识并明确绩效评估方式，法官也会认定所述电子邮件有效。

劳动合同中也包含了许多工作框架，为团队的工作提供了充分的依据。部分协议的规定相对严格，但始终留有余地，以便组织进行解释。

那么，领导者要如何构建自身组织的工作框架呢？所有组织都需要知道自己提供的产品或服务是否优质，因此制定了许多规章制度来监督自身产品或服务的质量。如果这些规章制度被纳入团队的工作框架，不同的团队通过不同的方式应用此工作框架，会出现什么结果呢？届时，主要流程的工作团队和辅助团队可能会达成下列约定：务必确保客户满意度；尽可能避免投诉；设法制定一种客户满意度评估方法。然后，领导者将与团队一起讨论相关评估方法，并定期评估客户满意度（如，一年一次……）。如此一来，组织内部将会产生各种各样的客户满意度评估方法。不过，这会不会又导致别的问题呢？实际上，对于团队自己想出来的方法，团队成员更愿意坚持使用。

相比在整个组织内推广一个集中、固定但不被认可的制度，这种方式要好得多。

领导者希望，团队成员能够对工作质量有责任感，而不是僵化地执行一个可控的制度（这会使团队成员花大量时间进行文书工作）。这就是自主管理型组织的力量。

领导者如果能够（并敢于）从这个角度看待工作框架，就能相对轻松地为团队构建一个可行的工作框架。

工作框架与规章制度

我们经常可以看到，工作框架和规章制度之间的区别并不明显。但是，工作框架留有解释的余地，而规章制度通常没有讨价还价的空间。我们可以一起看看部分规章制度的实例：

● 团队的成员数量必须为 15 人；

● 团队必须每月召开一次内部会议，每次会议必须持续1.5 小时；

● 员工与客户联系后必须立即编写报告，并保存于医疗文档；

● 员工必须提早半小时到达现场。

一些组织规定每个团队必须拥有固定人数的团队成员，旨在方便确定团队安排方式，然后将团队分配到各个地区或部门。但是，这种规定只是从管理角度出发，而没有考虑实际的工作内容。例如，在某个区域性组织中，由于相关区域的工作结束，有一个团队的成员人数缩减至 6 人，不符合每个团队应有 15 个成员的规定。于是，组织只能从另外一个地区抽调 9 人来到相关区域，才将团队成员人数凑足 15 人。呼！这下终于符合规定了……然而，在现实中，这种做法根本行不通，因为两个团队之间几乎没有共同点。当然，他们最终肯定会找到解决方法。不过此类"硬性规定"实在太碍事了，起不到任何帮助作用。

如果从工作内容的角度来看，组织就可以通过构建下列工作框架解决上述问题：

团队规模应方便所有团队成员"对团队成果作出积极贡献"并"通过友好协商达成一致意见"。

这个工作框架意味着团队成员的人数可以是 6 人，也可以是 20 人，合乎逻辑即可。

如果某个团队感觉自己的队伍太过庞大，无法开展有意义的讨论，那么他们就会设法解决这个问题。最终，他们的解决方案必然与其工作内容相互匹配。否则，他们的工作就会遭遇不必要的麻烦。显然，没人希望出现这种情况。

规章制度	工作框架
团队必须每月召开一次内部会议，每次会议必须持续1.5小时	团队自行决定开会频率，所有团队成员都参与决策，团队能够响应当前事件
员工每次与客户联系后必须立即编写报告，并保存于医疗文档	为优化交接流程，员工需要在医疗文档中记录与客户的联系情况
员工必须提早半小时到达现场	员工需要确保有足够的时间准备当天任务或者无要求！ （领导者应该相信员工会做好准备，如刻意要求并指手画脚，会显得过于傲慢）
缺勤率不得高于3.5%	团队应改善工作环境，避免无故缺勤
每个团队应有15个成员	团队规模应方便团队成员进行"协商与决策"

如上例所示，组织最好制定工作框架，而非规章制度。工作框架会给团队留有更多自行解读的余地。

但是在某些情况下，工作框架并不可行，也不可取。例如，在设定生产率标准时，必须采用规章制度的方式设定生产率的下限。团队的生产率可以高于标准，但团队全体成员必须约定其生产率不得低于标准。

再比如，在不安全的情况下，团队成员有权与其他同事一起执行任务。

共同制定工作框架

工作框架的可行性取决于其制定方式。许多领导者为了满足组织需求或自身需求（例如，为了控制团队）为团队制定工作框架。然而，在自主管理型组织中，领导者希望构建一个既有助于团队成员，又有利于实现组织目标的工作框架。要实现这一点，领导者和团队成员必须一起参与工作框架的构建工作。

在沟通工作框架相关问题时，领导者和/或团队成员必须探讨改进工作所需的帮助（针对具体问题）。因此，双方可以提出各自对工作框架的要求。

领导者和团队成员还可以一起讨论各种可能性。

解决团队成员反对的工作框架

当然，组织的某些规定（如，关于假期和调休的规定）有时也会遭到团队成员的反对。例如，有的组织为了确保自身的持续运作，可能会要求员工在夏季的休假时间最好不要超过两周；或者，有的组织在某段时间（如，圣诞节和新年期间）需要暂停营业时会要求员工调休。

管理层提出上述要求确实有其合理的原因，但具体的实施方法可以与团队成员进行协商。在既定的范围之内，团队可以自行决定如何在团队内部落实上述要求，但不得允许团队成员连续休假四周（仅供举例说明）。否则的话，组织需要找其他人来接替休假员工的工作，这必然导致组织的成本上升。

团队和领导者可以一起讨论某些工作框架在团队内部的可行性。如果工作框架确实不适用于某个团队，那么领导者可以破例允许相关团队不采用相关工作框架。

对于自主管理型组织而言，组织的存续也很重要。如果组织无法盈利，那么所有员工都会失业。在科层制组织中，领导者负责解决组织的盈利问题。在自主管理型组织中，领导者与团队一起解决组织的盈利问题。这意味着更多的工作内容将集中在团队。不过，一切均应在合理范围之内！

进度会议取代监督会议

由于团队成员对结果负责，领导者需要召开进度会议而非监督会议。进度会议旨在讨论：团队运作方式；团队成员的工作是否符合组织愿景；相关工作框架是否令人满意；预期的定性结果和定量结果是否可以实现；以及各方合作是否顺利。

团队成员和领导者将在进度会议上讨论所有异常和问题，但并不需要在会上解决所有问题。他们还可以讨论"团队成员是否认为有充分的可能性找出解决方案"。如果可讨论的话题太少，领导者可以询问团队成员需要哪些帮助才能推进工作。

召开进度会议时，领导者常犯下列错误：试图在会议中解决所有可能出现的问题，或试图给团队成员分配任务。之所以出现此类错误，是因为领导者害怕出现问题。领导者可能会想"之前都是我负责寻找解决方案；团队成员无法承担这个责任，我应该告诉他们怎么做……"，于是过多地干涉团队成员负责的工作。还有一个原因可能是领导者习惯性地作出回应，即一碰到问题，领导者就会告诉其他人应该怎么做。

领导者的此类行为不仅会导致团队成员无法解决相关问题，而且还会让团队成员觉得领导者不相信他们的能力。一旦这种情况反复发生，团队成员就会越来越不愿意主动解决自身问题，毕竟领导者可以解决这些问题——而且还会做得更好（至少他们如此认为）。

团队成员违反工作框架，怎么办？

有些时候，领导者可能会发现某个团队违反既定的工作框架。显然，领导者需要与相关团队谈谈。但具体怎么谈呢？领导者首先要表达自己的看法，然后指出相关团队的哪些行为偏离了既定工作框架。此时，领导者务必明确表示很想与团队讨论相关问题，并且很好奇问题产生的原因。

领导者可以这样说："我发现经常有人投诉你们没有遵守与许多客户之间的协议，这不符合我们的'优质'标准。按照标准，我们必须遵守与客户签订的协议。对此，你们有什么看法？"

然后，团队成员就会说明他们如何解决相关问题。如果他们已经制订好防投诉的计划，那么他们可以提交相关计划。领导者如果觉得相关计划实施起来有难度，就可以与团队成员讨论其中的实施难点。然后，团队成员可以采纳领导者的建议，并继续实施他们的计划。如果团队成员尚未制订相关计划，并且不知道如何解决相关问题，那么领导者可以先明确指出相关问题的重要性，然后询问团队成员需要哪些帮助才能拿出相应的解决方案。领导者可以与团队商定一个最后期限，用于确定团队的努力是否能够实现预期结果。因此，团队成员还将承担实施具体工作的责任。

在极端情况下，领导者可以要求团队必须遵守相关工作框架，并规定团队成员违反工作框架所应承担的后果。

不过，领导者如果能和团队好好沟通，通常就没必要这样做。

领导者与团队教练之间的关系

领导者和团队教练都是团队的核心，负责协助团队成员履行职责。因此，二者务必保持良好的关系——这样才可以协助团队运作，才能以最好的方式塑造自主管理型组织。

从层级上看，团队教练并非介于领导者和团队之间。事实上，团队教练和团队在同一层级，而领导者位于他们的上一层级。

团队教练、领导者和团队建立友好关系的前提是彼此尊重。然而，我们经常看到，领导者倾向于认为团队教练的层级高于团队——实际上，就是把团队教练当作新的团队负责人。领导者的这种倾向往往表现在他们的语言和表述中：

"教练，你可以检查一下各团队是否正在填补空缺职位吗?"

"教练，最近有团队成员反对……这个问题怎么解决?"

"教练，我希望你和他们谈一下怎么处理……因为他们的一些措施真的没什么效果。我希望在下周前收到相关报告。"

"教练，我知道你正在努力解决意见不统一的问题。不过，你对此做了哪些工作? 你可以快一点解决这个问题吗?"

"教练，×团队出了个问题，我们要怎么解决?"

原则上，当涉及团队工作进度时，领导者可以直接询问团队相关成员，不需要联系团队教练。领导者如果认为某个团队需要教练时，可以建议相关团队成员直接联系团队教练。相关团队成员可以自行决定是否就相关问题咨询团队教练。

此外，领导者还会与团队成员讨论团队教练提供帮助的方式。如果团队教练证明了自身的价值，团队成员自然就会感到满意。不过，如果团队成员不满意团队教练的表现，那么为了维系团队成员和团队教练之间的关系，领导者会将此事告知团队教练，并鼓励双方一起讨论问题所在。

反之，团队成员也有可能告诉团队教练，他们与领导者的关系出现了问题。在这种情况下，团队教练可以建议团队成员与领导者好好谈谈。

作决策

即使在自组织中，领导者有时也需要作出决策——例如，当某个团队成员的绩效欠佳，或某个团队无法按照组织的工作框架开展工作时，领导者就需要作出决策。

领导者如何处理绩效欠佳的团队成员呢？例如，团队成员经常收到客户对同事彼得的投诉。于是，他们就此事与彼得谈了一下，双方作出了一些约定，而彼得开始尝试改进自己。约定的改进期限届满之后，其他团队成员对彼得的表现进行评估，发现客户对彼得的投诉数量并未减少。他们觉得很难针对彼得的问题开展下一步工作，于是就将此事告诉了领导者。领导者建议他们咨询团队教练或人事部。在与团队教练讨论之后，其他团队成员最终发现彼得无法（或不愿）作出改变。他们表示不再相信彼得能够有所改进，并告诉彼得，他们已将这件事情交给领导者处理，并已请求领导者让彼得退出团队。

领导者会先审查团队成员的相关报告，确定其他团队成员是否已经给予彼得充分的改进机会，然后再作出决策。领导者可以解雇彼得，也可以根据实际情况考察彼得是否适合组织内的其他角色，甚至可能会权衡是否需要命令原有团队重新接纳彼得（视情况而定）。

不过，在上例中，彼得已经被投诉多次，因此，"命令原有团队重新接纳彼得"并不是首选方案。

显然，领导者相信团队和团队教练能够严格遵守相关程序，因此将督促彼得改进的工作完全交给了团队和团队教练，并且仅在团队和团队教练求助时才出手相助。

领导者保持立场一致

在运作良好的自主管理型组织中，全体领导者必须保持一致的立场，并在促进团队发展的工作中严格遵守"立场一致"原则。这意味着，领导者们会定期联系，了解彼此解决问题的方式。当然，领导者之间的联系也必须符合自主管理原则。当某种管理方式或层级思维方式（例如，涉及团队管理方式）突然横空出世时，领导者们务必多方求证并相互提醒。

当一位领导者负责分配和监督项目，另一位领导者负责为团队提供支持并允许团队在工作框架范围内自由行事时，组织内部可能出现各类奇怪现象和不满情绪。即使各个团队分属不同部门，团队成员之间也会经常接触。最终，组织实现自主管理的步伐也将停滞不前。

团队领导者为何会按照不同原则开展工作？通常情况下，管理层或董事会负责作出"是否转型成自组织"的决定。如果他们在仓促间作出决定（另见第 2 章关于自组织的介绍信息），并很少花时间和精力支持转型工作，那么我们就会发现，管理层往往最经常出现意见分歧。一些领导者在待人做事方面拥有独到眼光，可以看到自主管理型组织的诸多优势，已经开始支持团队实现自主管理。但是，有些领导者持不同观点，想要继续控制团队。

在我们看来，董事会应当承担起重要职责，要求组织向自主管理转型，确保相关程序经过精心设计，并且保证所有领导者立场一致。

如果经过大量讨论之后，某位领导者（或多位领导者）显然仍无法遵守自主管理型组织的相关原则，但董事会坚持要向自主管理型转型，那么相关领导者可能不适合继续留在组织。

如果管理层放任员工以不同的方式思考和行动，那么不同领导者在讨论日常实践问题时就会起明显冲突。那么，究竟谁对谁错呢？是那些表示"团队成员完全有能力承担相关责任"以及"自己愿意在团队成员遇到问题时提供协助"的领导者（也就是促进自主管理型组织发展的领导者）？还是那些说"团队成员在实践中从未主动承担责任，仍然需要领导者负责处理大量问题"（实际上，团队成员之所以无法主动去承担相关责任，是因为他们的领导者并没有给他们足够空间）的领导者？

上述两类领导者在基本管理原则上存在分歧，永远都无法达成共识！如果组织内出现这种情况并且没有及时纠正，那么这很可能预示着组织的自主管理转型开始走向失败。这主要是因为真正想要实现自主管理的领导者们没有机会将之付诸实践。

新的管理艺术：利用流程和内容进行管理

领导者如果想要控制团队（不想辅助团队），那么可以

"只"和团队成员谈论工作内容。反之，领导者如果想要辅助团队，可以通过另一个层面（即流程）达到目的。我们可以看出，后一类领导者不仅想要团队成员做好本职工作，还想要团队成员承担相应责任。这意味着，领导者必须目光长远，不能只看具体问题是否已经解决，还需要了解团队成员是否想要解决问题、是否有能力解决问题，以及需要哪些帮助才能解决问题。

在讨论上述问题时，领导者需要将工作内容（"出了什么问题"）与流程（"如何处理相关问题"）联系起来。

团队成员如果没有太多精力寻找解决方案，通常就会表现出抵抗情绪："这个问题没法解决，我们已经试过各种方法，现在只能靠您了……"此时，领导者可以这样回复他们："找出解决方案是你们的责任。你们需要哪些帮助才能尽快找出解决方案？"然后，领导者需要忽略团队成员（未诉诸口头）的埋怨，转而调查是否有可能（哪些可能）让团队成员承担相应责任。

有时候，这可能需要领导者多花一些时间或多一些耐心。不过，付出总有回报。领导者如果直接解决相关问题，就会更加相信团队成员没能力解决自己的问题。反之，领导者如果假设"团队成员有能力解决自己的问题，但可能需要一点支持"，就会坚持不懈地让团队成员觉得"管理层或同事可以提供帮助"。

如此一来，团队成员就会觉得：管理层认真地对待他们；一开始不知道如何解决相关问题是正常的；以及，管理层相信他们具有解决相关问题的能力。

于是，团队成员充满信心和正能量，会积极发挥自己的创造力，不再惧怕相关问题，并最终找到相应解决方案。

建议流程——解决方案驱动的决策模式

领导者采用"建议流程——解决方案驱动的决策模式"（SDMI®，Solution Driven Method of Interaction，详见第 7 章）与团队成员进行沟通，这种沟通方式面向解决方案，兼顾团队成员的愿望和需求。

采用这种沟通方式时，领导者需要制定目标，询问团队成员对目标的看法，与之平等讨论，并最终达成共识。领导者还需要继续了解团队成员的个人目标和喜好。

此外，领导者需要与团队成员平等交流，履行自身职责，让团队成员承担应有责任，不要接管任何团队工作，必须尊重团队成员之间的差异，并且理解"员工不需要在所有方面都表现得同样出色，某方面做得好就足够了"。有时候，在其他团队成员同意的情况下，"明星员工"可以承担特殊任务。有时候，当某个团队成员表现欠佳时，其他成员可以加以弥补。领导者需要关注的是整个团队所取得的成果。

领导者也不要拿过去的事情大做文章。如果早先的约定不起作用，那么领导者需要考虑现在怎样做才能实现目标。

采用"建议流程——解决方案驱动的决策模式"意味着，领导者和团队成员必须为了实现共同目标而同舟共济，不能埋怨挑剔团队内的其他成员，导致团队内成员不断内讧。

最重要的是，自主管理意味着组织必须重塑各级领导者和员工之间的合作关系。

4

辅助部门

即使战略规划得再漂亮，也需
要不时地审视一下结果。

——温斯顿·丘吉尔爵士

多年来，在科层制组织中，HR 在规章制度、监督体系和政策的制定和解释方面具有很大影响力。

大量监管制度的制定帮助组织实现统一管理并控制主要流程。因此，除了已经承担监督职责的领导者之外，员工还将HR 视为另一监管主体。

除了具体的人事事务外，HR 还负责下列工作：人力资源管理、行政管理、人员沟通、信息技术、法律事务、公共关系维护和员工培训。

但是，自组织的关注重点并非管理的统一性或主要流程的控制程度，而是员工的工作空间、灵活性和自律性。那么，HR 在自组织中要如何运用自身宝贵的专业知识和技能呢？这不就意味着我们要重新解读 HR 的职责？

HR 服务于一线员工

无论是自主管理型组织还是科层制组织，辅助人员都必须服务于一线员工。在自组织中，系统和程序的控制并非第一要务，因此，HR 可以更加专注于在下列方面为一线员工提供支持：工作内容、产品和服务质量的改善，以及任务辅助工具的开发。例如，HR 可以开发一个填写方便且提供所有必要信息的注册系统。有了这样的系统，员工可以节省更多的时间，用来完成自身的主要任务。

在自组织中，HR 可以回归本职工作：协助一线员工，以及利用自身专业技能，找到一线员工所遇问题的解决方案。所述解决方案必须能为团队成员提供一定帮助。自组织的各个团队可以自行选择，所以团队之间必然存在一些差异。这也意味着，HR 需要根据各个团队的具体情况调整相关建议。在实践中，这可能意味着团队在遇到一些乍看相同的问题时可能会收到不同的建议。当然，HR 提供的各种建议必须符合组织框架、法律法规和劳资谈判协议的有关规定。

辅助部门除了提出问题解决方案外，还需要找出为团队提供信息的最佳途径。他们提供的信息质量越高、越容易获得，团队成员就越能履行其职责。此外，辅助部门必须根据团队需求和系统使用方式定制信息系统。IT 部门开发出的应用程序无论多么完美，只要在搜索信息时老是出现各种各样的问题，或只有部分功能正常运作，那么它就算不上一个好的应用程序。

适当放权……

组织开始向自组织转型后，HR 需要放弃一些曾经相当喜欢做的工作。在科层制组织中，HR 可以沉迷于制定各种政策和规程，不用担心是否可以执行，也不太理会相关任务执行者对这些政策和规程的抱怨。

然而，在自组织中，HR 必须摒弃"我们必须对主要流程的质量负责"的想法，因为这个责任现在由一线员工承担。HR 应对自己提供的建议负责，确保自己的建议有助于一线员工开展主要流程中的各项工作。

HR 可以使用下列公式验证相关建议的有效性：

$$E = Q \times A$$

（建议的有效性＝建议的质量×使用者的接受度）

例如，安全顾问推荐了一款质量等级达到 9 级的优质防护服。使用者只要穿上这款防护服，被烧伤的风险就将为零。然而，穿上这款防护服的员工却发现自己几乎无法移动，自然也无法执行任务了。所以，员工对这款防护服的接受度自然很低（如，接受度为2），不可能主动穿这款防护服。综上所述，安全顾问的这条建议的有效性并不高：9（质量）×2（接受度）= 18（建议的有效性）。再比如，安全顾问推荐了另一款舒适度较高（如，质量等级为8级）、防护性能较低（但至少比没穿要强）但使用者接受度明显更高（如，接受度为7）的防护服。通过计算，我们可以得出这条建议的有效性为56，是前一条建议有效性的3倍以上。

因此，HR的相关员工只有了解团队成员在执行工作时真正注重的东西，才能提出合适的建议。他们也必须摒弃"最优质的解决方案才能发挥最大的作用"的想法。一旦看到团队成员在收到完美契合当前情况的建议时所表现出的感激之情，HR因自身在自组织中的新角色而产生的抵触情绪，就会像阳光下的积雪一般消失得无影无踪。

HR 与领导者之间的关系

领导者对团队的工作负最终责任，因此也负责制定团队的工作框架和各类规章制度。虽然辅助部门也可以负责制定，但领导者（和团队）才能最终决定是否在实践中进行应用。在大多数科层制组织中，HR 负责妥善实施所述工作框架和规章制度，但在自组织中，领导者（而非 HR）应当承担这项责任。

领导者可以要求辅助部门制定工作框架或规章制度，而团队成员可以为辅助人员提供更多的相关信息。然后，辅助人员将向领导者提供相关建议，领导者则根据相关建议作出决策。

领导者将与团队成员一起讨论相关工作框架和规章制度是否有助于团队成员履行相关职责。如果某些工作框架或规章制度需要调整，那么领导者将再次与辅助人员进行讨论，要求辅助人员在力所能及的范围内对相关工作框架或规章制度作出调整。

HR 与团队之间的关系

HR 主要负责针对拟议政策和工作框架向领导者提供建议，实时掌握团队的动向，以及了解自己可以在哪些方面帮助团队成员（例如，提高工作效率或推动内联网使用等）。

然后，HR 将着手处理已掌握的信息，并可能需要再次与团队成员核对，确定他们是否支持自己的建议，然后将制订好的方案提交给领导者。后者在收到方案后将与团队成员一起展开相关讨论。

HR 可以主动制定工作框架和规章制度，但必须先得到领导者的批准之后才能在团队中实行相关工作框架和规章制度。

也就是说，在工作框架和规章制度的应用方面，HR 必须通过领导者与团队成员进行联系。

否则，过于热心的 HR 员工可能会不断向团队发送请求，要求与之讨论领导者可能已经判断与相关团队无关（至少在当时无关）的主题。

不过，团队成员可以随时找 HR 来澄清具体问题，例如与下列事项有关的问题：劳资谈判协议、《疾病津贴法》的强制实施，辞退政策，培训问题，行政管理事项，市场营销，人事和法务等问题。当然，涉及现行法律或行政管理程序的应用和解读以及 IT 应用程序等问题时，团队成员也可以寻求 HR 的意见。

如果团队成员提出的问题可能影响到既定框架（例如，工作框架的相关规定太宽泛或限制太多，导致团队成员无法顺利开展工作），那么 HR 可以让团队成员找领导者沟通相关问题。

通知或激励

如前文所述，在传统组织中，HR 拥有决策权（无论他们是否愿意），但也应承担相应责任。他们有时可以决定（并对此负责）员工是否必须遵守某些既定规程，还经常接受组织的委派，负责实施新的政策。他们通常还觉得自己有责任激励和说服员工遵守相关的新政策。这可能会造成令人困惑的局面。在员工看来，这原本应该是领导者的工作。HR 的行为会让团队不禁产生"我们有两个领导"的错觉。

在自组织中，HR 没有相关决策权，仅负责将新的指南和规程告知团队成员。作为制定各类指南或规程的行家，HR 甚至可能制定过组织内的某些指令。所以，他们理应解答与相关指南或规程有关的具体问题。团队成员如果强烈反对某条指令，可以找领导者讨论，HR 不必对此过多干涉。对于 HR 而言，承担领导者的工作可不总是一件容易的事情。本文中，我们假设领导者同样知道自己应当承担的责任。

HR 如果清楚自己在自组织中的定位，就会懂得自己没办法像在传统组织时那样自由地制定管理框架或规章制度。这一事实刚开始可能会让 HR 有些失望。不过，从好的方面想，新的工作范围也有令人满意之处。HR 可以回归核心工作：针对自身领域的实际应用，为其他人提供建议和意见。

默默无闻且不受欢迎的辅助部门

无论在传统组织还是在自组织，辅助部门都担负着重要任务，但一线员工不一定都清楚辅助部门的重要性。辅助部门的工作大部分属于幕后工作。其他部门的员工仅能看到这些工作的最终成果，看不到辅助部门的辛苦付出。这通常会导致辅助部门和一线员工产生"对立"的想法，并进一步产生隔阂。即使在自主管理型组织中，这种情况也可能存在。

团队开始实施自主管理转型时，也需要负责采购、行政管理、财务和人事等领域的工作，也就是原本归属于辅助部门的工作。

通常情况下，尽管辅助部门的工作就是为各团队提供便利，但是团队会直接开启组织任务，而不会考虑先向辅助部门求助。其他部门的员工解读相关质量标准时，可能需要花数小时的时间，但是质控部的工作人员却可以通过 1 小时的演示，让员工清楚所有内容。

HR 的员工可以向团队成员提供更多有关工作背景和必要（或既定）规程的信息，避免团队成员在毫无准备的情况下就开始工作。不过，这种情况下提供的信息显然只涉及团队成员工作中直接遇到的问题，即仅限于必要信息！例如，在记录工作时间时，行政管理部门可以深入了解当前计时方式好在哪里，以及在团队成员记错时会导致什么后果。这促使相关团队成员妥善地完成工作，并激励其他团队成员在出现问题时一起设法解决。

HR 的员工还可以告诉团队成员更多关于自己如何协助完成组织任务的信息。这可能会提高团队成员向 HR 寻求帮助的频率和速度，最终促使双方更深入地了解彼此的工作。

服务中心

为了促进团队和辅助部门之间的沟通，一些组织建立了一个服务中心，并安排一到两名员工负责与团队沟通。当团队有问题咨询时，服务中心人员安排合适的专家回答相关问题。有时，相关专家会与团队成员联系并详谈相关问题。

有了服务中心，团队成员就不用在求助过程中到处碰壁。

对团队成员而言，建立服务中心是一项对客户特别友好的举措，有助于团队成员轻松联系辅助部门的员工。

专家团队

组织合作的专家（例如，医务人员、医疗辅助人员、心理学家、精神病医生和补救性教育学家，本文简称"专家"）也应承担一定的法律责任。

经常有人问我们："这些专家应如何安排以及具体安排到哪些角色，才能给组织带来最大效益？"实际上，这个问题没有现成的答案。专家的安排取决于许多因素：专家具体的资质和能力、工作性质、相关团队有多需要配备专家，以及组织其他部门的架构方式。简而言之，这个问题受太多因素的影响，我们很难给出现成的答案。

一些组织选择建立一支由董事会领导的专家组，负责为工作团队提供"随叫随到"的服务。专家的具体派遣取决于相关问题涉及哪个领域的专业知识。作为一个自主管理型团队，专家组将一起讨论相关团队的问题，然后内部决定安排哪位专家解答相关问题。

还有一些组织选择委派一位专家每周为一个或多个团队提供固定时长的服务。

当然，还有其他组织作出了不同的选择。我们的建议是按照自主管理原则，从当前情况出发，作出最合理的选择。

5

团队教练

评判并不意味着理解。

——安德烈·马尔罗

　　组织设立团队教练的目的是支持团队的工作。团队教练在必要时可以帮助团队成员提高技能并建立自己的合作流程。

　　一些组织认为，团队在经历过一系列阶段后［塔克曼（Tuckman）的团队发展阶段模型］，最终将有能力独立工作，不再需要团队教练的帮助。然而，这一想法成立的前提是：团队的构成要素、团队成员和团队工作环境始终不变，即人们感到熟悉。显然，当组织进入自组织状态时一切都焕然一新，人们不得不重新开始学起，并能够坚持度过适应期。起初一切事物总是处于不断变化之中。例如，有团队成员会辞职，也有其他人员来填补空缺职位；有时，某个团队成员出现了负面情绪，整个团队可能会因此受到特殊影响（通常是负面影响）；有时，组织内部出现了变化，团队成员不得不设法应对相关变化。前一刻，团队内部看上去一切风平浪静，但一周后，团队可能就因为意外情况而急需团队教练的帮助。

此外，还有可能出现以下情况：团队成员觉得团队运作良好，但团队教练却看到了团队成员无法看到的但可能导致冲突的问题。这时，团队教练必须能够主动与团队讨论相关问题。

综上，我们认为，团队应当始终保留团队教练角色，以便能够随时向其求助。

团队教练在组织中的定位

关于团队教练在组织中的定位，目前存在各种各样的观点。一些组织认为团队教练应归属于辅助部门，而不是一线部门。如此一来，团队教练与其所指导团队的领导者就没有直接关系，团队也应将团队教练视为更独立的存在。

然而，领导者和团队教练都与团队有直接关系，只是角度不同而已：领导者在一线为团队提供帮助，并在团队无权决定的事项上拥有决策权。团队教练则在团队合作方面为团队成员提供帮助。

尽管团队教练不与领导者共享团队的任何信息，领导者和团队教练还是需要定期讨论团队需要哪些帮助才能顺利完成相关任务。不过，团队教练会概括性地总结出难以解决的问题，

以及能够使团队成员更轻松开展工作的先决条件。领导者可以
为团队教练提供支持（如果需要），并确保团队教练不会领导
或管控团队。毕竟，这是（一直都是）领导者自身的工作。领
导者负责制定工作框架，而团队教练则负责在不施压的情况下
支持团队的工作。反过来，团队教练需确保自己不会充当领导
者接班人的角色。

团队教练是否应委派到团队？

经常有正在进行自主管理转型的组织问我们下列哪种方案
比较好：每个团队固定配置一名团队教练；或者建立一个教练
组（方便团队选择其认为合适的教练）。

我们推荐前一种方案，即每个团队固定配置一名团队教
练。这样的话，团队教练就能够更了解团队（反之亦然），也
更容易发现团队中出现了可能需要指导的某种变化。例如，团
队教练可能注意到一个或多个团队成员对队内情况不满，但因
为害怕被其他团队成员孤立，而没表达出自己的不满。这种不
满情绪长久累积下去，最终可能导致团队内部冲突。某些团队
成员也注意到团队内的一些变化，但他们在事态变得过于复杂
之前通常会默不作声地等待变化消失。假如真到了那个地步，
团队成员之间早已起了冲突，团队很难解决相关问题。

团队成员如果熟悉团队教练，就会愿意向团队教练求助。如果团队临时挑选教练，那么团队成员会因与教练不熟而不愿开口求助。

如果组织专门建立了一个教练组，那么当遇到问题时，团队不是设法解决问题，而是向一个又一个的教练寻求帮助。例如，某些团队成员在团队中的领导地位岌岌可危，迫切希望解决某个悬而不决的问题；当问题迟迟得不到解决时，他们觉得自己走投无路，就开始责备原来的团队教练无法有效帮助他们解决相关问题，并转而向另外一个团队教练求助。于是，历史可能再次重演。在这种情况下，这个团队可能要很久以后才能弄清楚自己的成员无法有效合作的真正原因。

每个团队固定配置一名团队教练，可以预防以上类似情况发生，因为在这种情况下，团队成员没别的团队教练可选。他们自己的团队教练就能不受干扰地继续执行解决问题的流程。

团队教练的任务

团队教练的角色可以描述成"团队后援"——有时候，团队会主动向团队教练寻求帮助；有时候，团队教练也会主动为团队提供帮助。团队如果对任何事情有任何疑问，可以随时寻求团队教练的帮助。有时，团队教练将不得不将团队问题转介给他人。不过，在大多数情况下，团队教练会亲自询问团队成员，提供寻找解决方案的方法，并给出相关建议。团队教练既为整个团队提供帮助，也为团队内的每一名成员提供支持。

原则上，团队成员可以与团队教练讨论任何问题。团队教练侧重于帮助团队自己设法找出相应的解决方案，但不负责解决方案的具体内容。

团队教练通常最先发现某些政策对团队的负面影响，因此也负责向团队成员和管理层指出（预警）相关问题。例如，管理层可能认为可以"公开每个团队的销售数据"，但团队教练却注意到这个提议会加剧团队间的竞争。那么，管理层是否希望事态如此发展呢？团队教练不必理会，只要提醒管理层注意上述问题即可。

同时指导多个团队时，团队教练有时会发现多个团队都出现了同一种问题（例如，信息系统无法正常运行）。这种问题可以在组织内部集中解决。于是，团队教练将首先建议相关团队将问题上报给各自的领导者。不过，如果团队教练敢说很多团队都出现了同一种问题，那么组织显然需要尽快解决相关问题。

当团队表示某些既定工作框架似乎不可行时，团队教练还可能会积极开始制定或修改工作框架。

当涉及自组织的发展时，情况也是如此。组织内的自主管理会不断发展，而集体决策的效果将在团队中体现得淋漓尽致。团队教练可以主动让 HR 的员工和一线人员讨论这些效果（例如，在缺勤方面的效果）。

团队教练的另一项重要任务，是在出现问题或冲突时，充当调解员和支持人员的角色。有人的地方就有江湖。团队成员经常会或多或少地参与到各种摩擦或冲突，也并不总能轻松地解决这些问题。在科层制组织中，领导者通常负责解决这些问题，但在自主管理型团队中，团队自身应负责解决这些问题，而教练可以为他们提供帮助。

团队教练还负责协助员工个人解决工作相关问题。有时，团队成员想要讨论的工作问题与团队无直接关系，这时，他们最好只与教练讨论这些问题。不过，团队成员有时可能只想找一个"局外人"讨论某些问题。这时，团队教练可以先与团队成员讨论相关问题，一起确定如何在必要时让团队参与其中。或者，团队教练也可以向团队成员推荐可以提供更多帮助的个人或团队。

团队教练还应负责承担的最后一项但同样重要的任务是，保证团队成员召开的会议令人满意且卓有成效。对于自主管理型团队而言，团队会议十分重要。全体团队成员在会上讨论团队问题，并作出相关决策。团队教练可以帮忙组织会议，确保会议顺利进行。

团队教练的指导对象和时间范围

在科层制组织中，大家都熟悉"控制范围"这个概念：领导者可以监控或管理多少个团队或员工？显然，这取决于工作的复杂性和权限范围。

那么是否有"教练指导对象和时间范围"之类的概念？"自主管理型团队的教练"是一个新兴职位，所以目前几乎没有与这个职位相关的研究数据。不过，经验表明，一名教练同时指导的团队数量一定不能太少。这听起来可能很奇怪，然而，如果教练指导的团队太少，但同时又想在工作中显得"有用"，那么他们可能会过多地干涉团队。也就是说，教练将更倾向于自发地"帮忙"解决团队成员可能实际上更想亲自解决的一些问题。到最后，更愿意承担责任的团队很快就会觉得团队教练干涉太多；而更不愿意承担责任并且和教练相处融洽的团队将更可能将问题抛给团队教练解决。

许多组织将下列经验法则应用到"教练指导对象和时间范围"之中：团队教练每周花在每个团队身上的时间平均不超过 2 小时。当组织首次向自主管理转型时，团队教练每周花在每个团队身上的平均时间可能会更长：2~4 小时不等。这个时间包括个人联系、打电话、回复电子邮件等所占用的时间。

团队教练指导质量控制

在团队内部，团队成员彼此负责，如果提交的工作质量较低，他们会一起讨论问题出在哪里。不过，要如何评估团队教练在自组织中的作用？要如何监控团队教练的服务质量？

团队教练受领导者或董事会直接领导，也就是说，团队教练应向领导者或董事会汇报工作。领导者可以评估团队教练的工作绩效。各团队则应及时向领导者汇报团队教练的表现。

有时，某个团队会因为太满意团队教练的表现，或对团队教练有诸多抱怨，而主动向领导者汇报团队教练的表现。对于后者，领导者可以与团队教练谈一谈团队成员的抱怨，以便团队教练有机会改善自身的表现。

当然，也有的时候团队不会主动向领导者汇报有关团队教练的任何信息，或者领导者想要全面了解团队教练的表现。然而，团队成员对团队教练的投诉和表扬显然与特定事件有关，无法使领导者全面了解团队教练履行所有职责时的表现。

全面了解团队教练情况的最佳办法是向团队成员询问相关信息。领导者可以定期让团队成员填写一份调查问卷，表达他们对团队教练工作表现的看法。例如，团队教练是否提供了足够多且及时的支持；团队教练是否激发了团队的自主管理能力，如果是，那么团队教练是如何激发的；团队教练的建议是否有所帮助；团队教练是否尊重团队作出的决定，等等。当调查结果出来后，领导者可以和团队教练一起讨论该结果，然后根据调查结果列出团队教练在哪些方面还需要改进。

团队教练评估

下列问题有助于评估团队成员对于自身从团队教练收到的指导的意见。

团队成员的意见应作匿名处理，然后团队教练和领导者可以一起讨论相应调查结果。

1. 你是否清楚在哪些情况下可以咨询团队教练？

2. 对于你的请求，团队教练是否足够迅速地作出了响应？

3. 你是否满意团队教练提供的建议？

4. 团队教练是否是一个好的倾听者？是否很想和你讨论相关问题？是否会针对性地提问？

5. 当团队成员之间起冲突或意见相左时，你是否觉得团队教练有时会偏袒一方？

6. 团队教练是否会定期来团队讨论有利于或阻碍团队发展的问题？

7. 在与记录、报告和人事问题有关的程序方面，团队教练是否提供了充分的协助？

团队教练必备技能

团队教练必须具备特定技巧和指导技能才能指导自主管理型团队。这些技巧和技能可以慢慢学，但如果团队教练已经具备了某些天赋，那么他们在工作中将更得心应手。所谓的"天赋"指的是某些先天品质，据我们观察，这些先天品质后天很难学到。

要想指导工作做得好，团队教练必须从宏观角度看待全局。换言之，团队教练必须能够以抽象的方式思考，并且能够分离工作内容和流程或进行沟通。

当团队成员讨论某个问题时，团队教练必须能够在倾听讨论内容的同时，分辨他们是否在有建设性地开展讨论。当团队成员讨论不到点子上时，团队教练可以在不中断讨论的情况下，帮助团队成员回归正题，使讨论顺利进行。例如，团队教练可以这么说："丽萨，这个建议的利弊是什么？或许你有其他建议？"团队教练可以在会议期间指导某个团队成员，但不要让这名团队成员感到难堪。

无法进行沟通的教练只能着眼于内容层面的讨论，而不是人们沟通的方式，并且倾向于评估内容。

团队教练还可以通过优秀指导培养团队成员的耐心，但不得打乱团队各自的节奏。当团队需要时间决策时，团队教练的不断催促有害无益，反而会让团队成员压力倍增，对团队教练心生抵触情绪，造成适得其反的效果。

最后，团队教练必须做到"不偏不倚"。团队教练的工作是与人打交道，所有团队成员均有权受到团队教练的尊重。这意味着团队教练必须对所有团队成员一视同仁。专业的团队教练可以摒弃自己的喜好，带着认可和尊重的态度对待所有团队成员，以此赢得团队成员的亲近。

天生喜欢带头或倾向于完美主义的教练必须比别人更努力才能帮助团队成员自我决策。这种性格的教练更倾向于在团队中贴上自己的标签，甚至最终担任团队领导者的角色。

倾向于讨好他人的教练在指导时也会面临挑战：他们太专

注于团队需要的东西，以至于他们没有问出可能有助于团队发展的关键问题。

站队：团队教练的意见

如前所述，团队教练不得评判团队成员讨论的内容。否则，自开始评判的那一刻起，他们就失去了中立立场，站在了讨论的"一方"。此时，他们可以说是成了团队的一员，扮演着不属于他们自己的角色。团队教练应与团队并肩作战，而不是成为团队的一员。若团队成员对于讨论的问题多多少少有些共识，则团队教练的评判行为不会有太大的影响。不过，如果团队成员对讨论的内容产生了分歧，那么团队教练的评判行为会被解读为"站在 X 的那一边"。在后一种情况下，团队成员将不再选择中立的指导，因为讨论中的"失败方"感觉与相关团队教练的相处没以前那么自在了。

不过，也有例外。例如，当某个团队为了找出合适的解决方案，而提出不符合组织工作框架的建议时，团队教练可以对此发表看法。例如，在一个提供全天候服务的组织中，团队成员可能会同意"每个团队成员都必须轮流值所有班次"这个规定。然而，大卫拒绝周末上班，或不断操纵日程安排，确保自己周末不用上班。某些团队成员可能对此有些怨言。这时，团队教练可以在某次团队会议期间跟大卫说："大卫，你在做什么？只在工作日上班可不符合我们的工作框架。你的同事希望你遵守规则。所以，按照规则行事好吗？"

在以上案例中，团队教练通过引用相关工作框架或规章制度的方式表达了自己对大卫的态度的看法，保持了自己的公正性。发表完看法后，团队教练立即鼓励团队成员继续彼此的讨论。通过比较自己与大卫对工作框架的不同态度，团队教练还展示了在某些情况下如何消除潜在冲突，这也给团队成员提供了可以借鉴的示例。

团队教练的干预技巧

团队教练的指导艺术在于，在正确的时间里进行正确的干预，从而帮助团队成员取得进步。我们认为"面向解决方案"的指导风格最适合自主管理型组织。解决方案驱动的决策模式（SDMI®）的详细说明见下章。

要想发挥最大效用，团队教练的干预必须是短期且明确的、符合相关团队的工作目标，并且对团队流程的干扰最小。详细描述和解释团队正在经历的各个阶段的流程可以让团队成员洞察某些问题，但也可能使团队陷入僵局，因为这些描述和解释并不总能指向解决方案。团队教练有时追求的目标〔例如，加强团队成员（在哪方面加强？谁要求加强？）和审视团队成员的素质〕也是如此。以上行为通常与团队成员的需求没有直接关系，并使团队教练与团队成员之间的联系断裂。如果团队教练能够立即理解团队成员表达的意思，那么他们之间的联系就能够维系，而团队成员也会觉得团队教练的贡献有价值。

当团队成员觉得自己的合作方式或决策过程陷入僵局时，他们将咨询团队教练。团队教练的目标是通过自己的贡献打破僵局。例如，当团队成员一直在模糊地抱怨"我们真的没办法作出决策"、"跟其他人沟通实在太难了"或者"如果每个人都想什么说什么，事情就好办多了"，他们的沟通就会陷入僵局。这时，团队教练可以不断地向团队成员提问，将上述模糊的语言转换成具体的表达，例如："在可以作出决策前，你们需要做什么？""谁需要解释他们所表达的意思？"下表（见下页）列举了一些如何将模糊的表述变得具体的示例。团队教练的这种简单干预有助于团队成员快速地将讨论进行下去。

第9章也列举了一个关于"团队教练如何使用'面向解决方案'的问题支持团队流程"的示例。

团队成员的模糊表达	团队教练的应对之策
"我没办法讨好所有人。"	"你无法讨好谁?" "他们想要的效果和你想要的效果有哪些不同?"
"我们需要换一个队长。"	"为什么?" "队长必须管哪些东西?" "队长有哪些必须做的事情没完成?"
"这个想法真的没用。"	"你觉得什么样的想法有用?" "你为什么觉得那个想法没用?"
"我有时候觉得在这个队里工作太不容易了。"	"你觉得哪些方面比较难?" "你觉得哪些东西是需要改的?"
"我想静静。"	"你需要多久的时间?我们想知道什么时候可以进行下一步工作。"
"我们队要好好谈一下沟通问题。"	"讨论的目的是什么?"

被动或自发提供的建议

有时候,团队教练会应团队成员的请求提供一些意见,而另外一些时候,团队教练会主动提供一些意见。在接受教练培训时,一些团队教练可能会被告知:不要主动向团队提供意见。因为人们认为,团队教练的建议会给团队特别的指引,使团队成员觉得自己不能自由地选择自己的方式;而且,别人提供的解决方案总不如自己想出的解决方案有效。

然而，我们觉得，既然团队成员要到处搜集信息，以及媒体和其他人的各种意见，那么他们和团队教练讨论相关问题有何不妥？

问题的关键更在于团队教练在给出意见后做了什么。比如，他们是否做了相关工作，确保团队成员只是把他们的建议当作一个启示？或者他们是否真的在向团队成员"兜售"建议，进而迫使团队成员作出自己可能都不赞同的决定？不过，团队教练的建议也可以给出不同的思路，激励团队成员跳出固有的思维框架，换个角度想问题，并在权衡相关建议的同时逐步形成自己的想法。即使自己的建议被团队成员拒绝，团队教练也并不在意，因为团队教练的目的在于刺激团队流程"向前推进"，以及研究自己的干预"唤醒"了什么。

有时，团队成员似乎毫无疑问就接受了团队教练的建议。这时，团队教练将针对团队成员的观点多问几个问题。例如，当团队成员说"既然你这么说，那这个解决方案一定不错"时，并不表示他们已经深入思考了相关解决方案的可行性。在这种情况下，解决方案很可能无法取得预期效果。此时，团队教练可以这么回复："你们这话听起来没有好好考虑我的建议。我的目的是让你们齐心协力找出真正有用的解决方案。所以，你们说说我刚刚的解决方案好在哪里？"

一般来说，对团队教练而言，相对于使用引导性问题鼓励团队成员说出自己真正想说的答案，直接提供建议的效果通常更好。前一种方法较为模糊且迂回，团队成员很快就能猜到团队教练内心的指向，并且会给人一种团队教练比较傲慢的感觉，就好像他们觉得团队成员只要听了别人的想法，就无法公正地评估这个想法似的。

"面向个人"的方法

"面向个人"的方法有助于团队教练在团队内实施一系列措施。我们习惯于将团队视为一个整体，并说出类似下列的言论："这个团队有了冲突"、"这个团队无法达成共识"、"X 团队非常棒"或"Y 团队中经常有人在背后打小报告"。

团队教练如果一直采用"面向团队"的方法，可能很难有效实施各种干预措施。例如，团队教练对所有团队成员说："你们认为自己团队中经常有人在背后打小报告，可能会引起问题，所以想跟我谈谈。我觉得这个问题不利于团队精神，所以，你们将如何解决这个问题？"这个案例的问题在于：团队成员当中，谁会觉得团队教练实际上是在跟自己对话？在实践中，我们注意到，人们对于讲坏话这件事通常会有如下讨论："组织允不允许打小报告？""什么情况下可以打小报告？""组织内是否禁止八卦?"……

可是，我们想要的是团队成员相互讨论"打小报告"这件事情，这才是真正的解决方案：在我们看来，处理问题时，不应该将团队视为一个整体，因为团队是由一个个成员组成的，每个成员都以自己的方式影响团队流程。

团队教练如果采用"面向解决方案"的沟通方法，就会和团队成员这么说："有人跟我说，有几名同事经常说其他同事的坏话，谁能提个建议，解决这个问题?"

引导讨论时，团队教练也可以采用"面向个人"的沟通方法，让团队成员感觉到团队教练是在跟自己对话，鼓励团队成员分担相关责任。下表列举了两种方法的一些示例。

"面向团队"的方法	"面向个人"的方法
"好，让我们回到正题上来。"	"卢西娅，你觉得大卫的主意怎样?"
"你们要怎么处理这件事?"	"谁能对这份计划提个建议?"
"也许大家以后要对'准时'这点多上点心。"	"玛丽安，卢西娅想知道你下次是否还能在截止日期前完成任务? 你能做到吗?"
"我们队目前表现出了'幸存者综合征'，让我们讨论下这是什么原因导致的。"	"有谁能建议下，要怎么帮助我们队里的所有人都感到更舒适?"

发挥影响力和长期作用

有时候团队教练会离开某个团队一段时间，并想知道自己对这个团队做了哪些贡献（例如，在改进团队合作方面）。团队教练可能从团队成员口中听到许多答案，但自己并没有觉得团队会有太大改变。一周后，团队教练回到团队，发现团队内的气氛明显比上一次见面时要缓和许多：团队成员之间再次开起了玩笑；曾经相互躲避对方的团队成员现在又可以一起讨论同一个问题。当问及这种团结气氛是怎么回事时，团队教练得到了这样的回答："听你说了上次那番话之后，我考虑了一下人们面临压力时会有哪些不同的回应。然后，我突然意识到，我很难规定别人在面临压力时应该如何回应。所以，我决定不在这件事情上纠结。"

团队教练的所有干预都会对团队产生影响，只是有的影响可能要过一段时间才能体现出来，因为团队成员需要一些时间处理相关事情，与其他团队成员再次讨论某些事情，或者与家中伴侣商量某些事情。团队教练的一句话可能会大大改善团队的运作方式。

确保妥善分配权力

团队教练应注意避免犯"权力分配不均"的错误。在讨论问题时，团队成员可能将问题责任归咎于自己以外的任何人，或干脆不去解决相关问题。在此情况下，团队教练可能为了鼓励团队成员最终承担相应责任，而说出了这样的话，"你如果换另一种方式回答，就会发现客户也会变得更积极"，或者"真的，你如果再付出一些努力，就会发现你也能应付这个问题"。在此案例中，团队教练显然比团队成员投入更多精力去解决相关问题，这可能会给团队成员带来压力，那些觉得自己陷入困境的团队成员将更没动力去解决问题，而团队教练和团队成员可能会因为一开始就不需要的事情产生冲突。

团队成员负责解决问题，如果他们不想负责，团队教练就要想办法让他们负责。如果团队成员说"无论我做什么，都无济于事"，那么团队教练可以这么回答："那么，如果我是你，我就其他什么事情都不做，只集中精力解决这个问题。"

反之亦然。团队想要花大量精力解决某个问题，于是团队成员不断地打扰或预约团队教练，寻求团队教练的建议，并全神贯注地聆听团队教练的每一句话。团队教练为了让团队成员打退堂鼓，可能一开始就表现得不耐烦，但是，这更有可能导致团队成员更加"锲而不舍"。所以，团队教练在这种情况下最好和团队成员一起讨论他们的期望。

领导者未做好本职工作

如果团队教练收到团队成员对领导者的抱怨（例如，领导者不了解团队的最新情况、未遵守承诺、经常联系不上或制定了团队成员无法遵守的工作框架），那么问题可能会比较难办。

团队教练面对这种情况时的第一反应可能是："天啊，这也太糟了吧，我必须得做些什么！"然后就义愤填膺地跑到领导者面前说，"你不能这么对待团队"。

团队教练做出以上行为时，实际上是将自己凌驾于领导者之上，就好像自己是领导者的上司一样。领导者这时候当然不会开心，并将开启防御姿态。这种情况下，团队教练和领导者之间的关系将严重受损。

以上案例中，团队教练也没处理好与团队的关系，反而越俎代庖地承担了团队应承担的责任，这让团队成员觉得团队教练认为他们没能力解决相关问题。

以上冲突实际上是团队成员与领导者之间的冲突，不过，团队教练可以帮助团队解决这些冲突。例如，团队教练可以激励团队成员与领导者讨论相关问题，以便得出相应的解决方案。这样既可以让团队自己承担责任，也可以维系团队教练/领导者和团队教练/团队之间的关系。

为团队提供指导

团队教练负责确保与团队保持显而易见的良好关系，并让所有团队成员觉得团队教练尊重他们，愿意倾听他们的意见。这也是团队教练不得评判团队成员的原因之一。一旦开始评判，团队教练就可能不得不在内心考量谁才是对的，甚至还将自己的评判意见公开告诉团队，导致更糟糕的局面。这种情况下，被告知自己错了的团队成员自然不会觉得团队教练尊重他们。当涉及人际关系时，团队教练几乎不可能确定谁对谁错：是那个不遵守承诺的团队成员吗？还是那个未经其他同事同意，擅自作出承诺，导致其他同事觉得自己不必对相关承诺负责的团队成员？抑或那个因为其他同事几乎从不参加相关会议，于是在未经其他同事同意的情况下，擅自作出承诺的团队成员？

夹在中间的团队教练如果不去评判谁对谁错，而将注意力集中到团队成员可以用来解决意见分歧的方法之上，就能与所有团队成员都保持良好的关系。

6

自组织的构建

团队的力量来自每个成员，每
个成员的力量来自团队。

——菲尔·杰克逊

团队内部如何运作自主管理？如何让团队成员以一种有趣而高效的方式实现他们的目标？除了良好的沟通，还需要什么？

正如上文所述，领导者、团队教练和辅助人员的任务是为团队提供帮助。不过，这并不意味着团队成员可以什么都不做。事实上，组织对团队成员寄予厚望。相较于科层制组织，自组织对团队成员的知识和技能提出了不同的要求。顺便说一下，与一些领导者所认为的相反，大多数团队成员乐于发展相关技能，并且愿意对团队的良好运作负责。在自主管理型组织中，团队成员拥有很大的自由去妥善完成自己的工作。事实证明，员工的层级并不真正重要。即便是"清洁"工人也希望能像护士或卡车司机一样，以专业的态度对待自己的工作并取得良好的效果。在自主管理型组织内，所有员工都能够妥善处理并重塑自己的工作职责。

本章将为自主管理型团队，即自组织的一部分工作提供一些建议。

组建团队

实现自主管理的第一步：组建一个团队。当组织决定实现自主管理时，许多领导者认为他们应该决定员工的去留和分配。事实上，最好由团队自行决定自身的构成是否很好地匹配相关产品、服务或客户。

因此，组织应该为团队制定工作框架，如工作能力、灵活程度等。团队的工作框架一旦制定完成，团队成员就能够进行相互选择。团队应当趁着组织提供自主管理建议的良好时机，尽量让团队成员真正融入团队，并把团队当成自己的家。

在科层制组织中，由于分工不同，团队成员之间的亲和关系并不重要。领导者或团队负责人负责解决工作中出现的任何问题。在自主管理型团队中，成员对团队的结果负有共同责任，因此需要一起解决问题。如果团队成员彼此之间有很好的亲和关系，那么他们就更容易解决团队的所有问题。

因此，团队成员可以选择新的同事加入自己的团队。我们看到，在这种情况下，团队成员会批判性地评估彼此的优势、劣势，以及新成员身上是否有他们所需要的素质。

何时适合建立自组织?

只有在问题出现时，我们才能看到团队成员是否能够通过合作的方式解决问题。当部分团队成员在协作方面不是很熟练时，这些问题可能就会转变成团队危机。那么，我们是否可以对在自主管理型团队中工作的员工提出某些要求？我们看到员工的某些素质有助于团队合作，还有一些则会妨碍团队合作。

自组织的有效性在一定程度上取决于团队成员达成可行协议的程度。团队成员如果愿意转变固有观念或者创新性地达成所有团队成员都满意的妥协方案，就会发现很容易与他人达成合作。准备好"让步"或妥协是一种态度，表明团队成员渴望合作，并愿意为同事着想。这种态度能够发挥出促进合作的作用。即使团队成员当下无法立即达成一致，随后往往也会因此而相互妥协。

在一个自组织中，团队成员还应该相互监督彼此的工作质量。在这种情况下，团队成员的"韧性"就会显得尤为重要。

当领导者与团队成员讨论工作改进问题时，团队成员如果没有觉得自己受到攻击，而且准备审查自己的行为方式并作出相应调整，就会产生积极的效果。这样的话，领导者的后续约谈就会变得容易。

尊重持不同意见者也是一种良好的素质。团队成员一旦指责"持不同意见者"，团队内部就会很快产生一种紧张气氛。那些执著坚持自己的观点，把个人价值观和原则置于同事之上的领导者（团队中的"老板"），往往会把团队成员推得更远，而不是将他们拧成一股绳。

如果某些团队成员不以解决问题为导向，一味地提出反对意见，那么团队很难进行讨论并达成一致。令人非常恼火的是，这些人的"困兽之斗"，导致团队有时很难（甚至无法）作出决策。

最后，我们想要谈谈团队内部的好事者。这种人不懂变通，并且试图强迫团队就每一种例外情况达成一项新的规章制度。此等行为无疑会导致其他成员陷入绝望境地，因为所有此类规章制度都会增加其他成员找到创新解决方案的难度。不过，自组织却恰恰有一大优势：团队成员不会因过多的规章制度而难以找到创新解决方案。

合作协议

随着时间的推移，我们看到每个团队都有自己的文化，还有专为团队成员和特定工作领域量身定做的合作协议。通常情况下，新的团队成员必须尊重现有的协议，适应新的形势，并且仅在工作一段时间后才能参与组织改革的相关讨论以及新合作协议的签订。

然而，新加入的一些成员想要很快地在团队中崭露头角，并希望尽快对现有的部分协议进行讨论，如关于假期、调休以及团队任务分配方式的协议。"原有"的团队成员需要努力帮助新成员适应团队现有的协议和文化。

想要避免上述无谓的讨论，团队可以在合同中规定：新成员在加入团队之前已经了解并认可团队现有的协议。

团队最好在"团队手册"中按主题记录并列出团队现有的所有协议。许多团队习惯在会议记录或决议清单中记录这些协议，这无疑增加了回溯参考的难度。

任务与角色

在自组织中，团队成员共同对团队的成果负责。为此，团队成员必须负责执行某些管理工作。在科层制组织中，这些工作通常都由团队主管负责。但是，在自组织中，团队成员必须自己管理自己。上述管理工作包括：安排进度、起草名册、监测质量、改进工作方法、保持外部联系、筹备会议、主持会议、记录会议、招聘新的团队成员等。团队成员需要完成的工作也与团队的工作领域有关。

我们将这些工作称为"团队任务"。团队定期向那些主动表示有能力或有意愿的团队成员分配任务。承担团队任务会让团队成员产生更强烈的团队责任感。除此之外，整个团队需要为团队的任务负责。

我们有时会看到，有些组织将工作与角色相关联。例如，规划师、主席、人力资源专员等角色的工作是监控结果和财务状况。每个角色通常都需要完成一系列的工作。团队内部如果将一种角色视为一种职务，那么就会给这种角色增添一种权威性。这是危险的，显然也是绝不应该的。有时，我们甚至看到团队成员因为长期扮演某种"角色"而希望得到额外的报酬。

自组织中，所有团队成员都享有平等地位。在涉及团队的所有问题上，全体团队成员拥有平等的话语权。因此，我们更倾向讨论团队任务，而不是特定角色。有时，团队的大型任务（如，监督实习生或保持外部联系）可以分为若干子任务，这意味着有多个团队成员共同负责一个任务。当一个任务被分为若干子任务时，签了小单的团队成员也可以参与执行团队任务。在这种情况下，执行任务的团队成员接替了其他成员的工作，因此必须对此负责。如果任务没有按要求执行，其他团队成员可以要求执行任务的团队成员承担相关责任。当某个团队成员不能很好地执行团队任务时，其他团队成员可以接手相关任务。

任务轮换

此外，团队任务应该定期在团队成员之间进行轮换，以便每个团队成员都有机会执行团队任务。执行团队任务也是扩大个人发展领域的一种方式。不仅如此，执行团队任务还可以让团队成员更好地了解团队的动态。这反过来也让团队成员相互体会彼此在工作中面临的困难。例如，如果你也曾面对过喜怒无常的转介人，那么当你的同事想和团队讨论这类问题时，你就更容易产生共鸣。

团队可以按照一年两次（仅供举例说明）的频率进行任务轮换，但是某些团队每三年轮换一次的做法并不可取。轮换间隔太长的话，一项任务通常已经成为一个"职务"了。

除非新的团队成员知道团队如何运作，否则通常不会加入团队任务轮换。因为只有这样，新的团队成员才能对团队作出有用的贡献。

质量保证

在自主管理型组织中，监督工作质量是团队的一项责任。领导者负责制定质量框架，团队负责确保并保证工作的质量良好。团队成员通常喜欢提供高质量的服务，毕竟他们就是因为喜欢才选择相关职业。在自主管理型组织中，我们假设所有专业人员都希望出色地完成他们的工作。团队成员对提供高质量的服务有着直接的兴趣。组织与客户的沟通渠道很短，团队成员很快就能获知客户的反馈。相比于客户的投诉，团队成员自然更愿意听到客户对自己的赞赏。

团队成员可以通过各种方式监控工作的质量，而且完全不需要为此创建任何复杂且耗时的系统。团队成员必须知道客户在质量方面的期望。组织可以通过问卷调查的方式帮助团队了解客户需求。下文介绍了一些易于操作的监控并提高质量的方法。

基于预期结果进行批评

团队成员之间很难直接针对未遵守协议或未正确执行工作等错误进行沟通，因为他们害怕得到咄咄逼人的回应。这并不奇怪！许多人都无法接受他人的批评，并会为此感到极其气恼。这就是为何我们需要先进行正面评价，然后再针对不足进行批评："你显然很擅长你的工作，但是如果你不得不再次进行艰难的讨论，你可以尝试……"一个不能真正应对批评的人，通常只会听到"你很擅长你的工作"，而根本没有领会别人字里行间的批评之意，所以不存在"对质量负责"的问题。

另外，还有一种方法可以在不触怒对方的情况下讨论某事，那就是问问题，然后让对方主动告知不顺利的事情，比如："与……的谈话进行得如何？""她对……有什么反应？""你是否认为你本可以避开？""你从中学到了什么教训？"不过，这些问题可能会让对方感觉被人试探，下次将会有所提防。此外，这种方法由于其试探性质，而对质量的影响为零。

我们的建议是，要让批评听起来像是期许："我知道，你与……的讨论相当困难，但你或许可以多考虑一下他的个人情况。后来，他找我谈过这件事，他说和你讨论是一件非常困难的事情。当然，你不需要事事同意，但你要让同事明确觉察到你的想法和观点。这样，他们就只有一种方法可以解释相关信息。"

对人们来说，回应别人提出的变化请求（期许）比回应一个建议或责备要容易得多。

"你意识到，如果按这个顺序做事，你会浪费很多时间吗?"（责备）

如果换种说法：

"我想如果你先做这个，再做那个，肯定会节省时间。你觉得呢?"

要求定期反馈也是一个值得考虑的方法。这体现了一种乐于接受批评的态度，使得其他人更愿意告知他们认为可以有所改变的地方。

客户反馈

客户是工作质量信息的一个重要来源。每个人都有自己的客户，例如商品的购买者、服务的使用者、教导的学生、调度的同事、管理的团队成员，以及辅助的同事。

客户总会在不经意间提供许多与团队工作方式有关的信息。当客户投诉说"我四处碰壁……"时，团队很可能不清楚事情的原委（如，谁在部门做了什么事情），但只要客户有投诉，团队就有充分理由召开进度会议。

再比如，当有学生评论说这一课没有上周那一课那么鼓舞人心——"它太理论化了"时，团队就可以考虑让课程更实际一些，而不是简单地认为"学生总是有一些抱怨"。

我们想补充的是，大规模的客户满意度调查效果较差，因为调查结果通常不能归因于团队开展的具体活动。最好让那些直接与客户合作的人员来调查客户满意度。这样的话，团队会更认真地对待客户的批评，因为他们与客户有联系，从而对质量更负责。

跟踪观察同事的工作

团队成员在一个特定角色工作一段时间后，他们会找出一种让自己感到舒适的工作方式。随之而来的就是他们对自己工作方式会产生带有局限性的看法，即所谓的"盲点"。如果想要减少此类盲点，团队成员之间可以尝试花一天时间跟踪观察同事的工作，并对各自的工作方法进行批判性的比较：他为什么那样做？客户给出了什么不同的反应？怎样才能借鉴同事的经验让自己的工作变得更好、更有意思呢？

同事互助

同事互助是团队成员开阔视野的另一种方式。通过同事互助，团队成员可以跟同事一起讨论自己无法解决的难题，或者自己构思的工作改进方案。然后，同事会提出一些有针对性的问题，并给出一些解决问题的建议。他们完全从自己的角度提出问题和建议，这无疑会给团队成员提供一些新的思路。

一些组织对同事互助进行了硬性规定，每个团队必须每隔4~6周举行一次同事互助会。这种长期的硬性规定存在一个缺点，团队最终可能只是为了完成规定而召开同事互助会，而不是出于自身的实际需要。因此，质量改进方法的应用原则也适用于此，团队应在必要和相关的时候召开同事互助会。如果有的团队成员确实需要与其他成员进行交流时，那么他们可以在定期的团队会议（仅供举例）上进行沟通。

考核面谈

有时，同事互助的现实情况也特别适用于绩效评估（或评估面谈、年度评估）。在大多数科层制组织中，有一个专门的绩效评估部门具备完善的政策制度、评估表格、面谈技巧、培训经验和其他相关的一切支持条件。考核面谈旨在成为领导者和员工之间关于员工绩效的一次双向对话，而评估面谈只注重领导者的意见（因此，非常具有层级性），二者显然完全不同。进行考核面谈时，团队制定了考核面谈期间需要达成的协议，包括关于员工希望如何进一步发展的协议。员工需要接受协议，如不接受，可以申诉。在 20 世纪七八十年代，考核面谈是革命性的创举。时至今日，各个组织每年还是如实地进行考核面谈。即使员工多年来的工作一直让人无可挑剔，员工和领导者都觉得完全没有必要进行考评，考核面谈也不能不举行。

在某种程度上，想要实现自主管理转型的组织会面临这样一个问题："怎样举行考核面谈？"因为自组织没有一线管理者来主持考核面谈。公司高管肯定没有时间每年举行可能多达500次的考核面谈。

我们的回答是：团队内部进行考核面谈，因为团队成员对他们的质量和发展负有共同责任。不过，团队只能在必要的时候才可以举行考核面谈。在实践中，这意味着团队成员经常需要选择一种比考核面谈更省时，但结果相同的方式来提高工作质量，或者他们可以选择与一两个同事讨论整体绩效。团队内部也可以通过整理角色要求，对积极的观点和改进的领域进行讨论，从而将两项"要求"（擅长的技能）转换为两项"提示"（可以改进的方向）。如果所有成员都能这样做，团队就能相当清楚地了解成员的优缺点。

因此，在一个自组织中，没有必要建立一个统一的考核面谈系统。

团队评估

考核面谈旨在了解个人绩效，而团队评估旨在深入了解团队成员的合作方式。对于自主管理型团队来说，良好的团队合作必不可少。如果团队不能及时地讨论一些小矛盾和小分歧，这些矛盾和分歧可能会发展成冲突。一旦如此，事情将变得更加难以处理。

通过团队评估，团队成员可以共同审查团队的运作，并就可能作出的改进达成一致。下文的方框中给出了一个调查问卷示例。这份问卷有助于团队组织讨论。这些问题也列出了自主管理型团队运作的评估标准。

团队教练可以参与团队评估，负责主导讨论，使团队成员能够专注于要讨论的内容，而不偏离主题。

团队评估

1. 团队构成是否符合下列要求：

   a）接受多样性和差异化？

   b）接受灵活部署导致的差异？

   c）可以执行所有的专业和组织任务？

2. 团队成员是否"愿意"妥协？换句话说，团队成员是否愿意为了达成一致意见而转变或改变自己的观点？

3. 团队成员是否就分工达成一致？

4. 团队任务分配方式是否让所有人都能够充分发挥自身优势？

5. 团队成员是否能够对其他成员的工作质量提出要求？

6. 团队成员是否拥有足够的知识，能够在专业方面相互支持？

7. 团队是否能够根据工作时间调整护理/支持需求，以及是否拥有相关工具？

8. 团队成员是否采用"建议流程——解决方案驱动的决策模式"解决问题？

9. 团队的决策是否由团队成员统一作出？

10. 整个团队是否对团队执行的所有任务承担最终责任？

11. 所有团队成员是否相互照顾？

12. 团队成员是否愿意互相帮助？

团队会议

团队会议是团队的一项重要流程。团队成员如需共同达成某个成果，必须定期开会进行讨论。团队成员在团队会议上作出决策。考虑到团队的所有成员对整个团队承担个人责任，每个人都必须参加团队会议。

团队会议往往组织混乱，并且无法产生结果，因此，有很多人真的不喜欢开会。相反地，有时，会议的形式又太过僵化，与会人员不能在会上自由地讨论事情；有时，会议太过冗长乏味，往往只由几个同事主导。在科层制组织中，领导者通常会把会议的大部分时间花在谈论他认为重要的公告和议程项目上，然后开始抱怨员工们的贡献太小。难怪很多人不喜欢开会……

第8章详细讨论了基于"解决方案驱动的决策模式"（见第7章）的团队会议模型。面向解决方案的会议是自主管理的重要组成部分，也是达成广泛决策的一种有效方式。会议模型也应该易于应用，使形式服务于内容，而不是反过来。

本节将讨论如何组织团队会议。

开会频率

组织需要多长时间举行一次会议？一些组织规定，团队应每隔四周举行一次会议，每次持续两小时。在大多数情况下，这些时间是不够的。不过，在科层制组织中，领导者可以独立作出许多决策，不需要与团队成员进行讨论，因此，这些时间可能是足够了。在自主管理型组织中，团队成员需要相互协商。如果没有足够的开会时间，那么我们很快就会看到，签了大单的团队成员将对日常事务作出决策。这最终会导致团队中出现一个新的层级。在这个新的层级中，功劳最大的成员（通常无意中）拥有最大的话语权。

团队成员应当自己决定需要多少讨论时间，并根据团队成员的可用时间决定开会时长。开会频率也取决于工作领域。

会议议程

在自主管理型团队中，每个团队成员都有机会提交议程项目。仅当提交人同意，并且会议的议程已经过长时，方可推迟甚至删除议程项目。

在传统的组织中，人们习惯于由领导者制定会议议程，并习惯于遵从管理层的决策，即使这意味着他们的议程项目因为领导者认为不重要而被从列表中删除。一些自组织团队保留了这种习惯，会议主持人取代了领导者的角色，代表其他团队成员确定会议议程。这就使得某个团队成员比其他成员拥有更多的话语权，而这并不是团队会议的初衷。

暂定议程只能在会议期间确定。如果某些议程项目超出会议时间，则应首先讨论相关议程项目的紧急程度，再由提交人决定是否可以推迟其提交的议程项目。但是，涉及所有与会者的提案（例如延长会议时间等）应由所有与会者共同决定。从理论上讲，这似乎是一个艰巨的过程。不过，经验表明，团队成员能够很快地完成这一过程。

会议主持人

在科层制组织中，会议主持人通常由管理者担任，而自组织中的会议主持被视为一项团队任务，可以由任何团队成员负责。这导致会议主持人并没有额外的权力。一些团队成员认为这是一种耻辱，他们希望从担任会议主持人的任务中获得一定的地位，让他们可以获得更多的话语权。在大多数情况下，这会导致冲突，因为其他团队成员可能会不接受这一点。会议主持人选应定期轮换，以免出现此类问题。

原则上，每个团队成员都可以担任会议主持人一职。为保证团队的工作质量，最好由已经能够熟练履行会议主持人相关职责或愿意学习的团队成员来担任会议主持人。一个糟糕的会议主持人会给团队带来太多的问题。顺便说一下，一个糟糕的会议策划人也会给团队带来很多痛苦。

协商一致决定

自主管理的好处之一是团队以协商一致的方式作出决定（每个人都同意提议的决定，或者不提出异议）。整个团队对团队达成的成果负责。为了让团队成员能够承担这一责任，成员需要获得决策权。这适用于所有的团队成员，所有的决定均由团队成员共同作出，并获得所有团队成员的同意。这并不意味着每个人都必须衷心地同意每一件事。在实践中，这常常会导致无休止的讨论，而无法产生一个可行的结果。

　　我们的意思是，团队成员应共同寻找解决团队问题的可行方案，并将反对意见转化为建议。我们在讨论过程中经常看到，反对意见往往变成拒绝某一项提案的理由，使提案被搁置一边，结果导致决策过程停滞不前。团队会议应要求团队成员提出解决异议的建议，从而使团队成员的看法更加一致，更容易达成大家一致支持的决策。这有助于打造一个乐观的氛围，让团队合作变得愉快。

会议记录、决议、团队手册

　　显然，记录会议期间达成的共识是个好主意，这样每个人都可以获得相同的信息，而不需要再向每个团队成员解释。同样的规则在这里也适用：只做必要的事情。

　　许多团队会自动起草一份非常详细的讨论进展记录。有时这份记录看起来像是一个剧本：

约翰说：……

詹姆斯说：……

伊丽莎白说：……

　　然后，会议记录被放入一个柜子里，没有人再看它们一眼。打开这些厚厚的文件夹，找到讨论记录，看看达成了什么协议，这实在是太令人望而生畏了。

为了让工作有序进行，我们实际上需要的是用简单明了的方式记录会议决策。如果某个团队成员需要对某件事采取行动，那么简单地记下"谁"、"要做什么"和"什么时候做"就足够了。达成的决定和将要采取的行动都可以记录在"决定和行动清单"中。如果有必要让缺席的团队成员知道讨论的结果，那么可以简短地记录所涉及的提议和论点。这可以节省很多时间。

根据会议主题归档决策和协议是一种有效的方式。例如，与编制值勤表有关的所有协议均应按照"值勤表"这一主题整理和归档。如果协议出现变更，则应丢弃旧协议，并存档新协议。如果一直遵循这一做法（可以指派一个人负责此项团队任务），那么就可以创建一个纸质版或电子版的团队手册，其中包含所有相关的团队协议。新的团队成员可以阅读团队手册，了解团队的工作方式，并快速适应团队。

这样做意味着团队不会浪费宝贵的时间来创建无人阅读的详细会议记录，而是简要概述团队作出的决策，这使得团队成员彼此更容易对这些协议负责。

发邮件还是不发邮件

我们想简单介绍一下电子邮件的使用方法。如今，每个人都通过电子邮件、WhatsApp 等进行交流。这没什么不对——这能够节省时间，你不必等到别人有时间才和你交谈，而且这种方式很便宜。

然而，一些团队成员发现，当他们对某件事或某个人感到恼怒时，电子邮件显然是一个很方便的表达途径。当你不必面对同事时，表达自己的愤怒似乎变得更加容易——你可以把它写在电子邮件里，这样就能把信息传达出去。

但这显然是一种误解。这种恼怒几乎总是在写作中表现出来，书面措辞似乎更尖锐、更直接、更加情绪化，这是因为面对面接触（或者声音交流，如果你是在电话里和人交谈的话）这一额外维度缺失了。此外，并不是每个人都能把自己的想法写在纸上，准确地表达自己的观点。因此，这可能会不必要地加剧矛盾。

与相关同事当面讨论让你感到恼怒的事也许是一个更好的方法。如果当面讨论仍然达不到效果，那么让别人先看邮件也许是明智的决定，这样你就可以确定相关同事能够理解你的善意（希望如此）。

这反过来也适用。如果你收到同事发出一封不愉快的邮件，不要在你生气的时候立即回复，至少要等一天，或与同事当面交谈。

在多元专业团队中工作

在一个多元专业交融的自组织中，来自不同领域的同事共同对团队的结果负责。这是卫生保健部门常见的团队组成方式。多元专业团队也常见于教育领域（不同学科的老师教一群学生）和建筑领域（木工、瓦工、电工等共同建造一栋房子）。

就团队结构而言，这类团队的运作方式与所有员工都扮演相同角色的团队别无二致。

然而，有时多元专业团队的成员开展某些工作时会更为困难，这是因为有些专业人士习惯干涉同事的工作领域。有时候，有些团队成员甚至会质疑其他同事的知识和专长。这很容易发展成一场斗争，无论是私下的还是公开的，有时甚至会以牺牲团队成果和工作氛围为代价。当团队成员相互尊重对方的领域并利用对方的专业知识时，这一问题自然会消失。

多元专业方法与权威

在某些情况下，根据其工作性质，某个团队成员比其他成员更有话语权。例如，在一个医护团队中，精神科医生依法对病人的治疗负有最终责任。原则上，这可能意味着他在决策中拥有否决权，或者能够对患者的治疗方法作出独立的决定。但是当其他团队成员参与进来，并且加入到关于确定治疗方法的讨论中时，决策也许会更加有效，并获得其他成员的支持。因此，精神科医生有时候也需要在治疗方案上作出一些让步，让其他团队成员更有动力去执行治疗方案。

超负荷工作，自组织的负面效应?

我们经常听人说，自主管理的一个缺点是团队成员负担过重。团队成员自己都说，自从开始自主管理以来，他们有时不得不承担太多的责任。确实有时会发生这样的情况，但我们不希望将其称为自主管理的缺点。

在一个自组织团队中，团队成员感到他们需要对执行的活动承担共同责任。然而，有时候会因某个团队成员生病缺勤导致工作（暂时）增加，或者（暂时）有更多的工作要做。但我们注意到，团队成员在加快进度方面没有问题——这是缘于他们有一种责任感。但有时候需要付出额外努力的阶段会持续很久，这意味着团队成员所承受的工作压力太大，破坏了工作与生活的平衡。

这时候就需要团队成员就分配的任务量进行良好协商。在自主管理型团队中，尊重员工个人的能力非常重要。但有时候并非如此，有些团队成员会因为其他同事不付出额外的努力而感到恼火，并给这些团队成员施加压力。这会导致除了额外任务造成的超负荷工作外，团队还要面临更大的压力。

因此，防止超负荷工作的一个办法是接受彼此的工作能力。如果这意味着团队没有足够的能力执行工作，则团队教练和/或领导者需要帮助团队寻找其他选择。同样重要的是，团队教练和领导者要尊重员工的能力限制，否则员工会因超负荷工作而懈怠。一旦发生这一情况，没有人能够从中获益。

团队代表会议

在实践中，许多团队讨论的议题经常需要协调，例如公关政策、安全、培训和课程开发等。这些任务往往需要协调，以便与客户、推介人或市政当局清楚沟通。

有时，某个团队成员对某个特定主题拥有丰富的知识，希望实现进一步的个人发展，并且热衷于在该领域帮助其他团队；例如，他可能希望与其他团队的同事合作开发一个培训课程。

这些都是很好的倡议，但这些倡议也可能演变成潜在的问题。团队教练和/或领导者需要定期与每个团队的一名或多名代表进行协商，决策通常是在这些协商过程中作出的。考虑到自主管理的运作方式，团队代表会议本身就是一个问题。团队代表最终变成了为其他团队作出决策，从而创建了一个新的层级。自主管理的目的实际上是使团队内部保有决策权，每个团队在组织框架内自己作出决策。

　　合作密切的团队肯定会发现相互协商是有用的，但仅应在必要时，而不是定期进行协商，因为这样团队就会变成一个"机构"。参加会议的员工不可获得授权，因为一旦获得授权后，他们可能会冒着风险"为他人作决定"。

生病后重返团队时面临的陷阱

　　某个团队成员生病可能意味着他会长时间缺席。有时候，当某个团队成员缺席后，其他团队成员会发现团队合作变得更加令人愉快，并开始对此发表评论，"现在你们才真正看到珍妮对会议的影响了吧"，或者"现在我们自己整理值勤表确实好多了"，或者"现在理查德不在这里，真是太和谐了"。在某种程度上，整个团队最后会演变成讨论这些观察结果背后所暗藏的含义，团队教练也经常卷入这些讨论。在他们意识到之前，团队已经提出了各种条件——缺席的同事回来后必须遵守的条件。甚至，有的成员往往还会告诉团队教练，等生病的同事回来后重新融入另一个团队会更好。

在这种情况下，团队成员不就其先前的行为负责。可能他们已经看到了某个团队成员生病前的行为对团队运作的影响，但没有人尝试就此与他讨论。也或许只有当某个团队成员请病假离开时，他的这种行为才变得更加明显。但是，在这两种情况下，团队成员都应让生病的同事重新融入自己的团队，并在稍后与他就之前的行为进行讨论。

回归团队后，相关的团队成员应被给予机会改变自己的行为，并且其他团队成员应与相关团队成员一道，共同改善团队合作方式。

自组织成功的核心要素

很显然，下述这些标准或多或少地保证了一个自主管理型组织能够以最佳方式运作：

• 团队在与管理层商定的明确框架内工作。

• 团队有权在商定的框架内自己作出决策。

• 自组织团队应该是一个平衡的团队，团队中应有人愿意"妥协"。

• 团队就分工达成一致。

• 团队应定期进行有效的讨论，采用建议流程——解决方案驱动的决策模式，并以协商一致的方式作出决定。

● 除了各自的专业责任外，团队成员还应对组织任务和团队结果负有共同责任。

● 团队成员相处得很好，并对团队感到满意。

● 团队取得很好的成绩。

● 在团队内部，如果团队成员的工作质量达不到要求，其他成员可以对他们提要求，并且相关团队成员明显地尽了最大努力来改进工作质量。

● 团队可以从团队教练处获得大力支持。

7

解决方案驱动的决策模式（SDMI®）与自主管理

> 如果你想平等待人，那么你待
>
> 人的方式必须不同。
>
> **——阿斯特丽德·维米尔、本·温廷**

组织还可以通过另一种方法支持内部实现自主管理：关注团队成员之间的沟通方式。理想的团队沟通应该更加重视平等地位、责任担当以及解决问题，而不是责备批评、承认错误或基于权力的决定。理想的团队沟通应该十分具体，组织的所有成员都可以轻松掌握，并且为解决复杂问题提供了很多的可能性。

解决方案驱动的决策模式$^®$（SDMI$^®$, The Solution Driven Method of Interaction$^®$）是一种具有很多特性的方法。如果团队只是简单地了解这个方法，显然不一定能够成功地进行应用。一种方法只有在其应用方式适合用户特点时才有价值。许多人在了解各种各样的讨论和沟通方法之后，没有应用这些方法，或者使用的方式不对，然后就说这种方法不好。这也就是所谓的"知易行难"吧!

本章中,我们将概述建议流程——解决方案驱动的决策模式®(SDMI®)的基础知识,并举例说明如何进行相关应用。

在《重塑组织》一书中也对博组客的 SDMI® 流程有专门的介绍。在中国,大家通常将此称为建议流程,因此本文如下我们也将对 SDMI® 用国内读者比较熟知的概念进行陈述和表达。

区分面向问题的工作方法和面向解决方案的工作方法

SDMI® 是一种面向解决方案的工作方法:基于当前的实际情况,思考未来的解决方案。

此外,也有面向问题的工作方法。此类方法首先调查问题,查明原因,然后根据相关信息寻找解决方案。采用面向问题的工作方法时,团队也需要研究:哪个成员该受到"责备"?团队不再想要什么,或者团队想避免什么?面向解决方案的工作方法意味着,团队主要着眼于想要实现的目标:如何改善现状,以及需要哪些辅助人员或物资?

因此,SDMI® 是一种乐观和非评判性的推进方法(团队不会试图把"责备"放在首位),非常符合自组织团队的愿景。

自组织希望团队成员和领导者能够对团队和"市场"的发展作出有效的反应，并始终对此保持果断的、面向未来的态度。所谓的"果断"，也与周密性、效率、速度、外向性密不可分。然而，我们此处指的是"决策能力"方面的果断。有时，"果断"根本不是指快速和坚定，而是指花费时间来正确地制定未来需要采取的不同做法。尽管如此，最终的方向都是"作出决定"，而不是"更好地描述问题"。前者强调思考解决方案，后者强调诊断问题，以此找出需要在未来清除或避免的问题根源。

SDMI®假设通常不需要组织的历史数据和问题描述，即可在将来想出合理的解决方案。此外，人类的天性是试图尽快脱离不舒服的状态，以便大家都感到舒适。快速找到问题的解决方案并适应不可避免的变化，可能正是人类文明能够发展到今日水平的原因之一。如果能够先确定目标，然后研究如何达到目标，再决定最佳行动方案，那么就能更快、更有效地找到解决方案。

面向问题的工作方法侧重于分析过去；SDMI®则侧重分析当前和未来的情况，然后在此基础上制订行动计划。不过，如果不能立即找到解决办法，分析过去有时也是有用的。

SDMI®的基本原则

重人性是 SDMI®的基本原则，而这又基于大量假设。下文将一一阐述这些假设。

选择意识和担责意识

SDMI®假设人们能够作出有意识的选择，因此能够对自己的言行负责。

很明显，作选择并不总需要有意识；人们常常根据感觉来作选择。有时候，人们都不知道自己为什么想要某些东西，只是觉得这是个不错的选择。然而，如果人们停下来花时间反思一下这种感觉，通常就会更清楚自己想要某物或想做某事的原因。换言之，越有意识地作出选择，就越少遇到麻烦，也就越不会因意外的结果而感到惊讶。我们好像很喜欢……

组织成员（负责执行主要流程的人员和领导者）承担责任是自主管理型组织的一大基础原则。

反之亦然。如果想要人们负起责任，就必须给他们机会——还有权力——作出选择。人们只有在拥有权力时才能对自己的选择负责。这意味着，如果团队没有很大的决策权，自主管理型团队（对结果负责的团队）不可能成功。也就是说，如果一个团队没有机会作出必要的决策以改进自己的工作，团队就绝对不可能实现自主管理。

我们认为，人们可以承担责任，但这并不意味着他们总想承担责任。显然，为某事负责并不总是件好事，因为这意味着还需要为后果负责，而这绝对不是一个有吸引力的前景。责任与问责相伴而生。

尊重

尊重是建议流程——SDMI®的另一基本原则。我们说的"尊重"不是指被人尊称为"先生"或"女士"，也不是人们对前一名发言者进行谴责时所常用的开场白"恕我直言……"等。

所谓"尊重"，是指全心全意地接受人与人之间的差异。众所周知，每个人都是不同的。有的人是实干家，有的人是思想家，有的人是引领者，有的人是追随者，有的人貌美如花，有的人奇丑无比，有的人信奉基督教，有的人则信奉印度教。我们假设人人都可以根据自己的背景、性格或能力，为整个讨论作出有意义的贡献。因为只有接受了这一点，才能谈得上真正接受自己的同事（无论是团队成员、领导者还是辅助人员），并在平等的基础上与之合作。这并不意味着人人都一样。当然，每个人的真实面貌和他们的工作角色是有区别的。角色、性格、教育或培训所造成的差异，意味着一个人比另一个人更适合某些任务和活动。但这并不代表某人因此"理应"得到一个较低或更高的地位。这是在自主管理型组织内工作的一项重要原则。仅当你尊重组织的所有成员时，他们才会意识到你没有在评判他们，他们也才可以自由地说出自己的想法。

主动

建议流程——SDMI®认为，当遇到令人不快的情况时，我们会采取行动，尽快恢复舒适状态。这意味着我们会自发地思考解决问题的方法，而不是探究问题产生的根源。世人都是向前看的。这就是为什么SDMI®面向解决方案，而不是面向问题。

大多数人关注的是解决问题的建设性方法，少数人则选择一种可能让团队成员感到舒适但却并不总是建设性的方法。例如，有些团队成员可能会把错误归咎于外部因素。这些人实际上很好地保护了自己，并以他们的方式产生某种"主动能量"来解决自己的问题；他们主动回避了问题。

更难办的是，一个团队成员遇到问题并想找到解决方案，而另一个成员却没有遇到此类问题，甚至想要把问题留给同事解决，于是就不想投入太多精力去帮助解决同事的问题。遇到问题并想找到解决方案的团队成员可以先思考一下自己是否真的需要另一个人的帮助。

应用 SDMI®：五个要点

由上述基本原则可以总结出具体可行的五个要点。无论何时，五个要点或多或少地发挥着重要作用。它们相互关联，有助于团队了解情况，解决问题，以及在必要时（尽可能）作出深思熟虑的决策。

对团队成员与领导者（有时）来说，决策和担责有时是他们必须掌握的技能（每个人都不一样）。在科层制组织的工作环境中，他们几乎没有这种机会。

根据 SDMI® 的五个要点，团队在准备应对各类讨论或情况（需要调整）时，务必注意所有有影响的方面。在讨论过程中，五个要点能够帮助团队了解情况，因此可以进行面向目标的调整，从而确保团队始终"在轨道上"。

五个要点包括：

1. **目标**：你想实现什么目标？

2. **角色**：你负责什么工作？你能自己决定什么？你不能做什么？你的技能是什么？

3. **工作方法**：你将如何实现你的目标？

4. **沟通方式**：相互尊重、明确、直接地进行沟通。

5. **时间**：你有多少时间来实现自己的目标？有没有最后期限？你需要多少时间？

我们将逐一详细阐述五个要点。

目标

团队如果采用 SDMI®，那么在遇到问题或困难时首先要问的一个问题是："我想实现什么目标？"

因此，团队目标与建议流程——SDMI® 的特性直接相关。如果没有目标，就没有方向。换言之，没有目标，就任何事都做。这样通常不会有什么效果。明确具体的目标可以让团队确定拟议行动是否符合目标。

我们经常看到，团队成员制定的目标比较消极，"我们希望确保不再有更多的客户转向竞争对手"，或者"员工应该在管理上花更少的时间"。如此的目标设定会让团队成员的思维集中在其不希望发生的事情上，导致团队成员更有可能选择"消极"的解决方案。

下文将继续讨论客户转向竞争对手的原因，以及如何防止这种情况发生。竞争对手可能降低价格来获得客户，因此，团队也降低价格。例如，当团队遇到的问题是"员工应该在管理上花更少的时间"，团队的目标应采取如下积极的表述："员工需要在客户身上花费更多的时间。"

团队成员在积极地制定目标时，就会说出他们真正想要达到的目标，并集中精力积极寻找解决方案。然后，团队成员就将目标转变成"留住我们现有的客户"，并可能会想出其他的解决方案。也许，团队成员会想出一个营销策略，提高客户对组织专业度的认识。或者，组织会要求员工采取不同的方式管理客户。

在组织中，"手段"往往被拔高为"目标"。例如，有人想要采购一台新的咖啡机。然而，"购买新的咖啡机"是为了"喝上好的咖啡"而采取的一种手段。因此，"喝上好的咖啡"才是真正想要达到的目标。或许，还有其他方法可以达到这一目标，而并不需要购买新的咖啡机。

角色

除了确定目标外，务必知道谁有权实现目标，谁有能力实现目标。在上文"挽留客户"的例子中，现场工作人员和营销专家可能最有能力提出解决方案。

还有一个例子：对于需要在客户身上花费更多时间（而在管理上花费更少时间）的医疗保健专业人员，组织最好与其好好沟通，了解他们为何会在管理上花费这么多时间。然后，组织可以问问行政人员，他们怎样才能帮助减少卫生保健工作者的行政管理工作。

工作方法

一旦团队明确了需要完成的任务和参与的人员，就可以讨论实现目标的方法。

上例中，团队的目标是"确保员工在客户身上花费更多时间"。实现这一目标的方法有哪些？这可能确实需要帮助团队成员"减轻行政压力"，但招聘更多的护理人员可能也是一种选择。或许，还可以提高报告的效率，让护理人员少填表格？

沟通方法

在与他人打交道时，务必清晰、直接、尊重地进行沟通，对方也要采用同样的沟通方式。组织越清楚自己的期望及其原因，就越容易进行清晰的沟通。沟通得越清楚，对方就越容易作出回应，双方也就越能轻松地达成令人满意的协议。对方没有说明自身的要求时，组织很难作出选择，因此，务必要求对方说明清楚。

清晰直接的沟通方式有助于建立平等、尊重、愉快的工作关系。例如，一位同事来找你，问他后天能否调休。你们都知道那天有一个重要的团队会议，而且这个会议很难组织。你可以说："如果调休对你来说比开会更重要，那就看你自己了，这是你的责任"。然后，你的同事必须反复推敲斟酌才明白，你不同意调休，你可能希望他对此感到内疚并前来参加会议。事实上，你可以更清晰、更直接、更平等地说："我不赞同你这种想法。这次会议日期真的很难安排。我很重视你的意见，你不来的话，我们就错过了。你能换一天调休吗？"

因为你清楚地表明了自己的感受，并给出了你希望他参加会议的原因，所以你的同事能够根据实际情况而非负面感觉（因为他觉得自己被操纵了）作出决定。

时间

团队采用建议流程——SDMI®时，"时间"是一个需要考虑的重要因素。在组织内部，"时间"是一个给定值，并不那么容易受到影响。通常情况下，有一个最后期限。也就是说，相关问题往往必须在一定的时间内解决，否则组织的其他成员将遭受负面后果。

时间限制意味着问题无法总以最理想的方式解决。例如，如果条件允许的话，你可能更愿意聘用一个符合下列条件的人：受过良好教育，至少拥有 10 年的工作经验，愿意连续工作 36 小时，并且下周就可以开始工作。但是，如果没有一个候选人符合上述条件，你也没有时间继续寻找，那么目标或工作方法中的某些东西就需要改变，以便继续向前推进工作。也许，拥有高的文凭但经验不足的候选人也不错，或者受过中等职业教育和有丰富经验的人也让人满意。

因此，"时间"因素对其他因素的解释方式有很大的影响。

没有固定顺序

对于上述五个要点不需要按照固定的顺序来执行。当然，最好首先考虑需要实现的目标，但在后续的讨论期间或行动计划制订期间，可以再根据各个阶段的需要考虑其他要点。在会议上，此类情况并不少见，比如就未来从 X 公司（举例）采购达成了协议，因为 X 公司的商品/服务在同等质量（目标）下价格更便宜，但没有就谁将取消当前的供应商（职位）和何时取消（时间）达成协议。

每个时刻都有新的"现在"

有时你回想起来就会发现，一项行动或协议并没有达到预期的效果，或者不再适合已经出现的情况。你可能会继续沿着商定的道路前进，因为你害怕突然改变观点会让人觉得你愚蠢、不稳定或变化无常。承认自己对情况的评估出错，并不是一件容易的事情。这会让你感觉自己必须向同事"卑躬屈膝"，所以你只能沿着原来的道路前进，希望奇迹能够出现。

不过，先前的决策是你竭尽所能地利用当时掌握的知识作出的。如果能够预见到那个决策不会产生预期的效果，显然你会作出不同的选择。这不能怪你！

应用建议流程 SDMI® 之后，你将假设每个时刻都是一个新的"现在"，并且根据获得的新信息作出新的选择。这样一来，你就不会再陷入过去，总是能够有效地应对当前的发展。

SDMI® 在实践中的适用性

看到这个方法在实践中的应用效果之后，我们才真正开始关注到这个方法的应用。YouTube 上有很多例子，后文中也可以找到相关说明。

我们还将在本节提供一些示例，说明应用 SDMI® 的要点。

团队成员之间交流工作方法

例如，团队同意成员萨拉负责一项团队任务：为相关地点"采购办公用品"。不过，萨拉的订单很小，不是经常在办公室上班，而且需要在工作时间完成外派工作。这导致办公用品没有定期采购充足，也给沃尔特的工作带来麻烦。沃尔特决定和萨拉谈一谈。首先，他要考虑谈话的内容，并通过五个要点进行提炼：

目标

他到底想实现什么目标？他希望所有的办公用品总是有足够的库存。

显然，他的目标不是"我希望萨拉能按时订购办公用品"。这种表述涉及萨拉本人（角色）和办公用品的订购时间（时间）。

因此，他的立场明确表明了他的目标。

角色

萨拉负责这项任务，所以他需要和她谈谈，看她能否处理好。

工作方法

他不用考虑如何实现他的目标，因为萨拉是任务执行人员，应该由她来决定如何确保物资储备。

沟通方法

他把问题清楚地告诉了萨拉。

时间

沃尔特不想再次发生办公用品耗尽的情况，所以这就是他对"时间"的要求。然后，萨拉来安排时间，确保办公用品始终库存充足。

于是，两人之间的谈话可能会是这样：

沃尔特："萨拉，你从现在起能确保所有的办公用品都有存货吗？货架上经常是空的，这真的很烦人。你负责的这项工作，你可以处理好吗？"

萨拉："是的，这显然不是我工作的问题。你以前提过，或者我听你抱怨过，但因为我不在办公室，所以我不能密切关注库存水平。"

沃尔特："你能做些什么来解决这个问题呢？"（工作方法）

萨拉："我不知道，我不能经常过来。有时我不在办公室附近……"

沃尔特："你觉得你可以负责这项工作吗？"（角色）

萨拉："事实上，我感觉不行。办公室里更经常使用这些用品的人可能更适合负责这项工作。"

沃尔特："你有什么建议？"

萨拉："在下一次会议上，我会提出自己很难完成这项任务，并建议以后由别人来负责。"

沃尔特："谢谢你这段时间和我合作。"

团队向培训师请教问题

团队要求培训师提供一门关于沟通技巧的课程，因为他们的团队最近出现了一些小问题。

培训师可以接受这一要求，设计一个有趣的三天培训课程。当他应用五个要点模型提炼研究团队的问题时，可能就会与团队进行下列对话：

培训师："你们想通过一门沟通技巧课程达到什么目的？"（目标）

团队成员："让我们团队运行得更顺畅。"

培训师："你的团队需要改进什么问题？"（目标）

团队成员："我们需要停止不停地扼杀彼此的雄心；这样下去没有一个会出彩。"

培训师："那你们需要学什么？"（目标）

团队成员："嗯……我们需要学会尊重彼此，更欣赏彼此所拥有的品质。"

培训师心想"我仍然不知道他们为什么想要一个沟通课

程"。不过，他继续问问题："那么课程中需要出现哪些结果，才意味着你们有所改进？我从你说的内容看出，你知道需要改变什么。"（目标）

团队成员："是的，确实如此。我们现在不能互相讨论，一旦讨论就会以争吵告终。"

培训师："那么一门课程能改变什么呢？"（目标）

团队成员："我们会知道怎么回事。"

培训师："你们还不知道吗？"（目标）

团队成员："是的，我们知道。但我们不谈这个。"

培训师："那我建议你们互相谈谈这个问题。这可能比你们参加培训课程更能解决问题，但实际上你们并没有坐下来互相交谈。"（工作方法）

团队成员："是的，也许确实如此。但是，你能帮我们一起讨论一下吗？"

培训师："我认为这可能更多的是团队教练的问题。"（角色）

团队成员："那我会和团队讨论，并询问团队教练。"

本例中的团队成员很明显想找出一种解决方案，但没有明确的目标。只要团队成员的目标还不明确，培训师就会提出问题以帮助团队成员厘清头绪。在此情况下，其他几个要点就不那么重要了。一旦目标明确，其他要点可以帮助进一步解决相关问题。

领导者讨论团队的进展：客户对护理质量进行大量投诉

领导者注意到，在过去的 6 个月里，有个团队接到的投诉数量高于平均水平。他希望团队能够对此进行讨论。

领导者也会事先考虑他到底想通过讨论达到什么目的，他拥有什么权力，团队拥有什么权力，他是否已经对工作方法和改进截止时间有了想法。

领导者与团队之间的对话可能如下所示：

领导者："如你们所知，我收到了很多关于你们团队的投诉。这不是一件好事情。我希望减少投诉。你们觉得怎么样？"（目标）

团队："是的，显然我们对此也很难过。我们正在尽一切努力减少投诉的数量。问题是，我们的一些同事生病了，现在人手不足。如果想照顾所有的患者，我们只能先处理最紧急的患者的事情，然后迅速去照顾下一个病人。"

领导者："是的，客户也是投诉说你们护理得很匆忙，而且你们上报的错误也比平时多，这意味着我们没有达到客户期望的质量。你们对如何确保护理质量符合标准要求并避免错误有什么想法吗？"（目标和工作方法）

团队："事实上，没有。因为生病的同事还没回来，我们又不能雇佣临时工，其他部门也都很忙。显然，我们不能把病人赶出去。我们真的觉得自己束手无策了。"

领导者："我能想象。但我还是很想看到一些进步。有什么能帮助你们再次看到一线希望吗？"（工作方法）

团队："也许其他人有一些我们还没有想到的想法，或者有人能改变我们协议。如果能在夜班时多雇些值班护工，那将对我们有很大的帮助。波琳背痛，不能做任何护理工作，但也许她可以提供行政支持。这可以帮我们节省大量时间，而我们可以用这些时间来照顾患者。"

领导者："就我所知，你可以雇佣值班护工（职位）。我认为，请波琳帮忙是个好主意。我也建议你继续和团队教练讨论这个问题，让他看看还有什么其他的方案。如果你需要人力资源部员工的帮助，那么显然你也可以让他们参与进来。我什么时候能收到一份关于你们团队如何提高工作质量的工作方案？"（工作方法和时间）

团队："我们会尽快处理这个问题。下周怎么样？"

领导者："太好了。如果你还需要我的帮助，请告诉我。"（角色）

领导者将寻找解决方案的责任留给团队，但提出了团队需要达成的工作框架。

团队教练与团队成员讨论会议结构

团队请团队教练来和他们一起讨论如何提高会议效率。团队成员们觉得会议太冗长了。

团队教练与团队的对话可以简要概述如下：

团队教练："我能做些什么来帮助你们改进会议?"（角色）

团队："我们的讨论持续了很长时间，但几乎从来没能作出决策。我们不知道到底哪里做错了。"

团队教练："如果让我看看你们的会议进程，或许会有帮助。也许我还可以给出一些建议，这样你们就能够改进会议了。"（团队教练根据自己的角色给出建议；方法是否与目标相符）

团队："好主意! 我们的议程上刚好有一个重要的议题。"

团队教练："那么，我建议在你们讨论这个问题时，我在一旁提供一些不同的讨论方法。所以，你们可以马上尝试。"

团队："我们开始吧!"

8

面向解决方案的会议模式

你有一美元，我有一美元，互相交换后，我们各自还是只有一美元。

你有一个想法，我有一个想法，相互交换后，我们各自拥有了两个想法。

——乐观主义革命

对于自组织而言，团队会议十分重要。全体团队成员在会上讨论团队工作及其执行问题。所以，团队会议必须具有建设性且有趣。

人们对会议的常见抱怨包括：会议太冗长、混乱；每次都是那些人在会上发表言论；没人听我说话；"他们"只决定做自己想要做的事情……；关于"谁对谁错"和"谁能做主"的讨论有点太占会议时间了，使会议变成权力的博弈。

在本章中，我们将讨论基于"建议流程——解决方案驱动的决策模式（SDMI®）"的会议模式（下文简称"SDMI®会议模式"）在促进会议顺利进行方面可以起哪些作用。

本章结尾处将完整解读SDMI®会议模式及其在实践中的应用方式。

首先，我们将讨论会议的诸多问题，以及在SDMI®会议模式下如何处理这些问题。

"还有其他要讨论的问题吗?"

"其他议题"的讨论环节是会议的常规部分，通常是会议议程中的最后一项。与会者可以在这一环节简要提出自己当前的疑问，相关人员则需要简要回答这些疑问……不过，在会议期间，对这些疑问几乎很难简简单单地作出解答，因为其他同事可能对相关问题也有意见。于是，一个看似简单的问题最后会演变成严肃的讨论。通常这些问题还很迫切，必须在会议期间就解决。结果，让所有人感到烦躁的是，会议一拖再拖。这时，有其他安排的团队成员不得不离开会议现场，也就无法和其他人一起达成可能达成的任何共识。

如果在会议开始时就讨论"其他议题"，那么以上问题就可迎刃而解。与会者在这一环节提出自己的问题，针对这些问题如果能够简要作答，那很好；如果不能，团队成员就此已经纷纷展开讨论，那么相关要点可以添加到临时会议议程中。

会议议程中每个议题的时间安排

大多数会议议程中都没有规定每个议题的讨论时间限制。大家都是想说多久就说多久。有时，与会者会花很长时间讨论某个议题，导致全体与会者无法在规定时间内进行完整的会议议程。若能安排好各个议题的讨论时间，这个问题就会迎刃而解。在这种情况下，介绍议题的人应同时介绍各个议题的预期讨论时间。

如果议题所需的讨论时间长于分配好的会议时间，则相关人员可以检查一下：哪些议题可以挪到下次会议再讨论；哪些议题需要的讨论时间最少；或与会者是否愿意稍微延长一下会议时间，将所有计划议题都讨论完。

安排议题的人决定是否推迟讨论相关议题，或缩短相关议题的讨论时间，并可在征得所有团队成员同意的情况下，延长会议时间（如有需要）。

因此，在这种会议模式下，会议主持人不能决定会议时间安排。

进度相关决策和议题相关决策

SDMI®会议模式的特征之一，是将会议进度相关决策和议题相关决策区分开来。

议题相关决策与会议议程中的议题有关，因此与工作内容有关，并且都是在相关议题处理到最后时作出。

然而，会议进度相关决策旨在调节会议进度，可由全体团体成员在会议期间的任何时间点作出。会议进度相关决策没必要像议题相关决策一样需要列个清单，但是如果会议主持人或某个团队成员提出了会议进度建议，那么与会者应立即对相关建议进行投票表决。例如，某个议题还没讨论出结果，但对应的讨论时间已经到了，这时，某个团队成员说："我提议再讨论10分钟这个议题，我们争取在这10分钟内得出个结果。"会议主持人就会问："有谁同意这个提议?"全体与会者如果都达成共识（无人反对），就可以再花10分钟讨论相关议题。否则，全体与会者将按照原来的时间安排，强制进入下一个议题的讨论。

在大多数会议中，会议主持人可作出会议进度相关决策，这强化了会议主持人对会议进度安排的发言权，削弱了其他与会者对会议进度的影响，导致后者变得被动。

为了确保所有与会者对会议进度的影响一致，我们建议会议进度相关决策由全体与会者（通过协商一致的方式）共同决定。

> 会议进度相关提议涉及既定时间安排的修正，需要立即投票表决。如果全体与会者没有就所述提议达成共识，那么会议将按照事前确定的议程继续下去。

会议议题的处理

在上一章中，我们讨论了目标设定（想要走到哪一步、想要实现什么，以及必须解决什么）的重要性，这同样适用于会议议题的处理。添加到会议议程的各项议题通常会定得过于笼统，例如：预算、与行政部门的合作、假期安排、值班表、培训和新产品。

这种"笼统"意味着每名团队成员都会对各议题形成自己的看法，然后基于这些看法展开讨论。这些看法并不总与议题提交者实际想要解决的问题有关，这样就会导致相关讨论可能朝着任何方向发展，并可能导致议题提交者空手而归（即自己的问题没有得到解决)。也许与会者在这个讨论过程中解决了其他问题，但这并不是议题提交者的目的。

会议主持人由于不知道什么时候应该干预讨论，相关讨论什么时候与当前议题有关、什么时候又无关，因此，也很难处理这类问题。

在这种情况下，将会议议题换成问题或建议，可为后续讨论指明方向。

例如，

"预算"可以换成："何时可以最终确定预算？"

"与行政部门的合作"可以换成："我建议行政人员周五上班至下午4点。"

"假期安排"可以换成："我可以在5月的第1周休假吗？""培训"可以换成："我们要如何安排明年的培训课程？"而"值班表"可以换成："我们团队10人中，有3人得了流感，现在我们要怎么安排值班？"

假如玛丽问："我什么时候可以就目前正在学习的课程进行相关角色实习？"这个问题恰好属于"我们要如何安排明年的培训课程"这个议题的范畴，那么，在普通会议模式下，与会者通常会立即讨论玛丽的问题。但在SDMI®会议模式下，与会者通常会分开处理这两个问题，因为它们彼此之间没有任何关

系。只有当每个问题的每个点都得到应有的重视时，这些问题
才不会让人困惑。

在后一种会议模式下，与会者都可以专注于同一个问题，
而会议主持人也能轻松地判断与会者是否偏离了议题。

除了知道如何提问或提建议外，与会者还需要知道自己对
某个议题有多少发言权。组织工作框架通常会表明团队是否有
决策权。若有，则团队成员可以一起作出相关决策；举例来
说，若决策权在领导者手中，则团队成员可以向领导者提出相
关建议，然后等待领导者决策。如果团队在讨论某个问题时，
认为自己拥有相关决策权，然而实际上并没有，就会在日后得
知真相时感到特别沮丧。

有时，与会者也可以延长会议，说明讨论某项议程的目
的。例如，有的员工有时可能对自己的工作有疑虑，想要知道
自己可以从哪方面着手改善，并可能提问："我要怎么应付挑剔
的客户？"这时，与会者将一起处理这个问题，为该员工提供
建议。

最后，会议议程中可以添加一项名为"信息"的议题。例
如，彼得参加了一个研讨会，他想要向同事分享自己从研讨会
上得到的信息。在分享过程中，彼得的同事自然可以提问，但
他们没有必要提出相关建议或作出决策。

问题和建议的系统阐述、提交的原因（为什么在会议日程中要添加这个议题），以及谁拥决策权，都由议题提交者提出，而无须征求其他团队成员的同意。

团队成员可能会针对同一个问题给出许多不同的可行答案。会议主持人应针对每个问题询问团队成员都有哪些建议，每个建议的依据是什么，以及每个建议都会产生哪些结果。讨论过程中，会议主持人会将相关方案罗列出来，再让团队成员投票表决。这样一来，团队成员就有了更多的时间和必要的空间深入比较并详细讨论各个方案。考虑某个方案时，团队成员必须给出自己赞同或反对的依据，并只有在考虑了该方案的所有利弊之后，才能对该方案投票表决。

在 SDMI®会议模式下，与会者讨论结束后不会自动进入决策阶段，而是将共同确定他们是否已经做好决策的准备，是否已经注意到所有建议，并且是否能够仔细考虑所有建议。这种做法可以确保与会者静下心来讨论，并考虑到"反应较慢"（但通常很认真）的与会者的想法。

拒绝总结，提倡提问

几乎所有与会议和主持有关的课程都有讲到，会议主持人应总结讨论内容，并在讨论结束时作一个总结。然而，总结讨论内容的做法有许多缺陷：

● 占用过多时间：因为会议主持人总结的所有内容在会议期间都已经讨论过。

● 导致会议中止：因为总结期间不会有任何新的讨论。

● 导致与会者变得消极：因为与会者不必亲自总结讨论内容。

● 导致某些建议"无声消失"：因为会议主持人不可能在总结时说出两个自相矛盾的观点。这导致会议主持人可以在很大程度上引导（有意或无意）讨论方向。

● 导致会议主持人永远无法准确地反映与会者讨论的所有内容（参见上一条），进而造成与会者站到了彼此的敌对面。一旦会议主持人作出了总结，与会者通常会将本该讨论的主题抛之脑后，转而"质疑"会议主持人的总结。

出于以上原因，会议主持人（和与会者）将从 SDMI® 会议模式中学到如何提出面向解决方案的问题，这有助于会议主持人提高与会者的参与度，并且不必冒险引导讨论方向。

本章结尾列举了在 SDMI® 会议模式下，会议主持人可以提出的，并且可以用来促进与会者在讨论过程中更深入地研究相关问题的问题。

会议主持人应将与会者针对解决方案提出的建议列出来，最好手写到活动挂板上，让所有人都可以看到所有建议，进而让自己避免作讨论内容总结。

基于建议的决策

与会者讨论完所有建议和论点后，将对所有建议一一投票表决。每名团队成员可以给多个建议投票，因此能够更灵活地决定在哪些方面作出让步，也更容易达成共识。

会议主持人没必要询问谁反对某个建议，因为只有全体与会者投票通过的建议才会被采纳，没通过的建议将被自动放弃。问题的关键在于：只有整个团队都支持的建议才会被采纳。

有时候会发生团队中有一名成员真心反对某个建议，但团队其他成员都支持这个建议的情况。在这种情况下，团队只要稍微花一点时间了解那名成员主要反对的内容，就可能想出办法调整相关内容，使那名成员接受相关建议。考虑到那名团队成员的具体情况，团队也可以通过相关建议，但在某些方面为那名团队成员破例，这也算达成共识。例如，团队成员都同意从上午 7 点开始上班，但团队中的某位单亲妈妈找不到人在这个时间点帮忙照顾孩子，那么团队可以允许这位单亲妈妈从上午8点开始上班。当然，这种破例必须征得每名团队成员的同意。

未采纳任何建议

以上我们假设的是团队将采纳一个或多个建议。但有的时候，团队成员可能没有通过任何建议。那该怎么办呢？这很简单：既然大家都没有达成新的共识，那就维持现状。也就是说，虽然之前达成的共识没有让所有团队成员都满意，但也应保持不变。如果团队成员没有就某个议题达成一致，就会导致相关情况保持不变，但在这种情况下，团队成员不会按照之前达成的共识行事，而是会自行作出决定，这是唯一的区别。

例如，某个教学团队可能会考虑如下议题：如何帮助具有阅读障碍的学生进行考试？

在此之前，这个教学团队对这个问题并未达成共识，团队内的老师若在这次会议期间没有采纳任何建议，则将各自采用自己的方式为学生提供帮助。

有时，所有人都能达成共识至关重要。例如，当团队成员决定采取哪些符合组织愿景的行动或质量标准时，必须达成共识。

决策与缺席会议

自组织中的员工通常积极性高且缺勤率低。不过，即使在这样的团队中，也会有团队成员因为生病或休假而缺席团队会议。自主管理型团队决策时采用协商一致的方法，所以必须让每个成员都发表自己的意见。当有团队成员缺席团队会议时，团队成员可以协商出一个能够让缺席的团队成员也参加会议的方式，否则，团队可能面临出席的团队成员都同意某个决定，但缺席的团队成员不同意该决定，导致他们不得不再召开一次会议讨论这个决定的窘境。

怎样让缺席的团队成员参与决策？团队可以采用如下办法：

方法一：让缺席的团队成员提前发表意见，若他们的意见与其他团队成员在会议期间支持的建议相符，则团队可以当场通过相关建议。若他们的意见与其他团队成员在会议期间都支持的建议截然不同，则团队将在下一次会议再作出相关决策，届时，缺席的团队成员就可以参与投票。

方法二：让缺席的团队成员在会议结束后，根据会议记录（包括相关建议及其论点）投票表决。

方法三：等全体团队成员都到齐时再决策。也就是说，当有团队成员缺席会议时，团队将在下一次会议才决策（如果团队规模较大，这种方法通常不可行，因为总会有人缺席会议）。

方法四：缺席的团队成员可以选择一名与自己的观点或多或少有些相同的团队成员代表自己投票。

当然，可选方法还有更多。无论选择哪种方法，只要确保"每个人都有机会参与决策"这个前提就好。

混乱的会议现场

在会议期间，总有与会者的行为方式（例如，不断地重复自己的观点、一直在讨论自己喜欢的话题或与其他与会者吵闹）让其他与会者觉得难以应付。

其他与会者将因此生气，生气到麻烦制造者都可以看出别人对自己的愤怒，这通常导致双方都不开心的局面。

SDMI® 会议模式可以轻松化解以上困境，具体方法详见下文。

重复表达观点

不知出于何种原因，有的团队成员似乎觉得自己需要不断地重复自己的观点。这不仅浪费时间、无聊，还会招致其他成员不耐烦的提醒："彼得，我们都听你说过五次了……"

不过，当所有建议都写到所有人可见的活动挂板上时，以上重复行为就会大大减少。即使重复表达自己观点的团队成员也会注意到自己的建议已被协商，如果这名成员再重复表达，那么其他成员就可以提出类似下列的问题："这个建议和你刚刚提的建议有何不同？"或："你是否还有任何其他建议或观点？"这些问题都可以非常有效地阻止该成员继续重复表达观点。

偏离议题

有些团队成员非常擅长自由联想，并会在讨论时说起自己联想到的内容。例如，当团队成员讨论夏季假期规划时，擅长联想的团队成员可能会突然问："如果到了夏季，只有很少人上班，却要接新工作时，那该怎么办？"其他团队成员觉得这个问题似乎值得讨论，于是就此展开了更深入的讨论。渐渐地，他们讨论的内容不再是夏季假期规划，而是讨论是否应该在上班人不多（例如，其他人请了病假）的时候接新工作……显然，他们偏离了议题。

让大家回归议题的办法是问偏离议题的团队成员："你能解释一下这个问题与我们当前的议题有何关系吗？"这时，偏离议题的团队成员将不得不承认二者之间没有联系，然后团队就可以继续原来的讨论。

一直讨论自己喜欢的话题

有些人（一些团队成员）总会设法在团队成员讨论每项议题时，插入自己喜欢的话题（例如，人人机会均等），例如，在团队成员讨论培训政策、新员工的雇佣或组织任务分配等问题时，滔滔不绝地发表类似"每个人必须都有机会接受教育/有能力提出申请/有能力执行任务"的言论。

在这种情况下，其他团队成员可以问偏离议题的团队成员与工作内容相关的问题，这样可以使该团队成员回到相关议题，并且不会觉得自己不受尊重。例如，其他团队成员可以直接忽略以上关于权利平等的问题，然后问相关团队成员："你对我们的培训预算分配有什么建议吗？"这可以使团队成员避免讨论与平等权利相关的问题，还可以使偏离议题的团队成员回到相关议题。

吵闹

当许多团队成员同时相互交谈时，会议室会变得比较吵闹。在这种情况下，许多会议主持人就会喊道："大家专注一点好吗？"然而，这个表达相当笼统，没人觉得会议主持人说的是自己。

这时会议主持人应该先点出最吵闹的团队成员的姓名，然后在这名团队成员注意到自己被点名后，提醒这名团队成员不要吵闹，这样才更有效。

但是，在以上情况下，会议主持人让表现出破坏性行为的团队成员遵守秩序（这种手段经常被采用）的做法并不能解决问题。相反，在大多数情况下，会议主持人的恼怒情绪和对破坏性行为的评判往往会引起争论。例如，会议主持人可能会说出下列话语，表达自己的恼怒情绪：

- "你一直在重复自己的观点，我觉得这可能有点烦人，这不利于我们继续开会。"
- "你们看看自己这么吵闹都造成了什么后果？"
- "你应该少谈自己的原则——你难道看不出有同事被你激怒了吗？"

听到以上批评的相关团队成员通常会觉得自己被冒犯了，并且可能并不会因此纠正自己的行为。

我们认为，会议主持人最好不要对干扰会议的团队成员的行为小题大做，而是要问他们一些实质性的问题，使他们对会议作出积极贡献。

SDMI®会议模式的说明

基于SDMI®的整个会议结构可以总结成一种模式（详见下文），为便于理解，我们将在下文简要描述这种模式。

SDMI®会议模式

固定的会议议题

1a　讨论上次会议的会议记录（文本）

1b　通知

1c　其他议题

确定最终会议议程

2a　议程有什么补充吗？补充的议题需要多长时间处理？

当议题太多，无法在有限会议时间内讨论完时，需回答本问题。

2b　谁建议：

· 推迟讨论自己的议题。

· 缩短自己议题的讨论时间。

· 延长会议时间。

讨论各议题（按照第3点至第10点规定讨论会议议程中的每个议题）。

介绍会议议程中的议题

3　你想要提出的问题或建议是什么？

4　你为什么提出这个建议或这个问题？

5　你想要分享或接收信息、给出建议或作出决策吗？

（主持人和/或与会者都有哪些权限？）

讨论环节

6　谁有建议？

你有什么有利论点？

其他人对这条建议和论点有何看法？

这条建议有哪些利弊？

你预测这条建议会造成哪些潜在后果？

谁有不同的建议？

你有什么有利论点？

你如何看待这些论点？

这些论点对你的职位意味着什么？

你是否要根据自己的论点改变观点？

你还能预测任何其他后果吗？

有人有新的建议吗？

有人有新的论点吗？

7　我建议我们开始投票。大家同意吗？

决策环节

8　谁赞成 X 的提议？（给出提出建议的与会者的姓名）。

谁赞成 Y 的提议？

等等。

确定环节

9　谁负责在某日期前完成某任务？

10　继续进行下一个会议议题（从第 3 点开始）

SDMI® 会议模式	说明
1a、1b 和 1c 上次会议的会议记录 通知和其他议题	这些要点是会议的固定议题，也就是会议开始时就要处理的"其他议题"。通常情况下，临时议程在会议开始前就已经确定，也就是说团队成员提交议题后，提交者就要预估议题将会花费的时间。
2a 确定最终会议议程 临时会议议程有什么补充吗？	第 2a 点中，临时议程补充的是第 1 点所述议题。相关人员一旦做好初步议程后，应检查会议议程中的所有议题是否能在既定会议时间内讨论完毕。 若能，则继续第 3 点。 若不能，则继续第 2b 点。
2b 如果会议议程中的议题过多，相关人员可以：建议推迟讨论某些议题；限制某些议题的讨论时间；或延长会议时间。	会议期间，提交议题的人应确定自己提交的议题是否可以推迟或议题对应的讨论时间是否可以缩短。只有在所有与会者都同意的情况下，会议时间才可以延长。

SDMI®会议模式	说明
3、4 和 5 你想要提出的问题或建议是什么？你为什么提出这个建议或这个问题？你提出相关问题的目标是什么（决定、建议和信息）？	相关人员一旦确定会议议程，就将一一检查各个议题。提交议题的人应回答第 3 点、第 4 点和第 5 点的问题。
6 讨论环节，面向解决方案的问题：你有什么建议、论点，这些建议和论点有哪些利弊，并可能造成哪些后果？	会议主持人和与会者可以利用第 6 点列出的一系列问题组织和深入讨论问题，记录并列出讨论期间提出的建议。
7 每个人都能投票吗？	在这一阶段，相关人员将检查是否所有与会者都能够投票表决。若能，则与会者将对会议期间提出的建议进行投票表决；若不能（例如，某名团队成员可能尚无法检查某个建议的所有潜在后果，或可能需要时间获取更多信息），则与会者将考虑需要做哪些工作，他们才能在稍后的时间里作出决策。
8 一一投票表决所有建议。谁赞成该提议？	在这一阶段，团队成员将一一投票表决与相关议题有关的所有建议，并且每名团队成员可以给多个建议投票。这有助于团队成员更容易达成共识。团队成员如果既不喜欢，又不反对某个特定建议，则最好对该建议投赞同票。当然，投票的最终目标是作出对每个人都可行的决策。

SDMI®会议模式	说明
9 谁负责在某日期前完成某任务？	到了这一阶段，团队成员开始结束议题的讨论，并就"谁负责在某日期前完成某任务"这个问题达成共识。
10 我们可以继续进行下一个议题吗？	到了这一阶段，会议主持人开始介绍下一个议题。

9

冲突处理

和平不是没有冲突，而是以和平手段处理冲突的能力。

——罗纳德·里根

在自组织中，团队成员需要采取特定的方法处理分歧和冲突，即全体团队成员共同努力（有时可能需要团队教练的帮助）负责解决所有问题（包括处理所有意见分歧），任何领导者均无须对此负责，或在团队成员最困难的时刻介入并解决相关问题。

出现意见分歧并不意味着存在问题，也不会立即引起冲突。当然，团队成员对同一个主题可能有不同的想法，但他们可以一起开会讨论出一个可行的解决方案。不同的观点可能还会促使团队成员作出更好的决策。

如果团队成员固执己见并不准备妥协，则会导致局面变得更加麻烦。每个团队成员拥有不同的文化背景、教育背景或性格，因此也没办法始终做到相互理解，有时，这还会导致他们的意见分歧达到难以解决的地步。

例如，有的团队成员会在背后打小报告，忽视某些同事或形成小团体，最终导致团队内气氛紧张。

一些组织利用规章制度或培训来避免此类情况。团队成员确实可以因为培训而更注意自己的行为，但又会随着时间推移慢慢地恢复自己原来的习惯。

即使在自主管理型团队中，团队成员也会起冲突。在本章中，我们将提供基于 SDMI® 的建议，帮助团队成员、教练和领导者应对冲突情况，因为当冲突无法避免时，他们需要知道如何处理冲突。

什么是冲突？

冲突必然与意见分歧有关。不过，只有当冲突双方有利益牵扯时，冲突才有可能发酵成问题——否则，其中一方可能只是耸耸肩走开，也就不会爆发冲突。在组织中，导致冲突的共同利益通常是：团队成员一起工作，但却相互依赖对方履行自己的职责。

从定义来看，意见分歧并不是冲突的根源，反而可能为团队成员提供了不同的解决方案，进而改善工作质量。不过，这只有在双方都准备考虑对方意见价值的前提下才能实现。在这种情况下，"冲突"一词几乎不会出现在任何人身上。

然而，如果有团队成员不准备妥协，会导致双方产生负面情绪，进而引起冲突。在自组织中，团队成员可以通过下列特征识别冲突情况：团队决策困难；团队成员难以或无法达成共识；团队成员讨论时带有情绪且讨论过程杂乱无章；以及团队成员试图"管束"其他团队成员等。在最后一种情况下，所谓"权利"最大的团队成员将最终决定团队成员应达成共识的建议，因为一旦这名团队成员作出了选择，其他成员"为了息事宁人"也会跟着这名成员作出同样选择。

如果团队内"火药味儿很重"，则会给团队成员带来很大的压力，这通常不利于团队成员的身心健康，并对工作质量产生负面影响。

建议流程——SDMI®，冲突处理工具

很多文章已经论述过冲突及其处理方式。有人说，我们最好知道自己要应对的是哪种冲突，例如工具性冲突、稀缺性冲突、人际情感冲突或权利斗争，然后有针对性地套用对应的冲突解决公式。

通过冲突管理课程，学生们可以更深入了解冲突解决方式，并学会区分回避、强迫、让步、试图妥协和解决问题等行为。

区分冲突类型和冲突风格的麻烦在于：没有任何冲突或冲突风格可以简单地归为一类。实际上，总会有事情脱离控制。

所以，即使是"解决方案驱动的决策模式（见第 7 章）"也无法区分冲突类型，并且无法描述冲突风格。相反，它旨在提供解决冲突的具体方法。

团队内部冲突

对于自主管理型团队的成员而言，冲突非常棘手：会耗费团队成员大量的精力，引起不愉快的情绪（例如愤怒和悲伤），影响团队气氛，以及最终（但并非最不重要）对工作质量产生负面影响。此外，团队内的冲突之所以这么棘手，是因为没有领导者有权对团队成员"采取行动"。这并不是说领导者实际上曾经这样做过，而是说领导者的存在给了团队表达不满和向主管抱怨的机会；这使团队成员与主管之间建立了纽带。

自组织的成员共同承担责任，并在事情进展不顺利时，彼此讨论相关问题。如果这些问题不解决，那么冲突就会一直存在。在这种情况下，团队成员会花大量时间闲聊（和抱怨），并可能导致冲突升级。有些团队的成员可能觉得这种环境给自己带来的压力极大，并因此生病或缺勤，而有些团队成员则可能觉得自己需要另谋出路。

因此，自组织中的成员必须找到一种可以建设性地处理冲突的方法。

但团队成员首先要考虑的是：哪种情况可能导致意见分歧发酵成冲突？相关示例如下所示：

- 团队成员拒绝让步，不准备考虑其他意见。

- 团队成员被一个或多个同事欺负。例如，经常被安排到不受欢迎的班次；无法及时了解相关信息，导致自己无法妥善完成工作；在自己没空的情况下，被安排去接待他人；收不到其他同事的邮件回复，等等。

- 团队成员不合格。相关冲突可反映在以下语句中："这件事情你做不了，我们自己来做"、"把这个任务交给彼得吧，我认为你不适合做这个任务"、"关键是这个问题要有一定水平的人才能研究出来，你合适吗……"，或者"我会接手这项任务，你现在还做不了"。

- 团队成员负责整个团队。也就是说，有团队成员在不考虑其他团队成员的情况下就决策，例如，"客户刚好打电话给我，我就跟他们说，我们接下来两个月都没时间"。

● 一名团队成员一直将某些团队任务留给自己做，并在轮换任务时说："我做这个任务已经很长时间啦，其他人要接手的话，又要花很长时间才能找到完成这项任务的窍门。"这类任务通常有助于团队成员对团队绩效产生极大影响。

● 团队成员没有考虑同事的能力。有团队成员未考虑同事是否能够胜任相关工作，就让这些同事履行合同未要求的义务或加班，并忽略了过度疲劳的同事要求合理安排他们的工作的请求。

遵守基本约定

在以上所有例子中，导致冲突的根本原因是团队成员缺乏对持不同见解者的尊重。有些人没办法或不愿意考虑同事的需求，但这些需求却是自主管理型团队的成员能够建设性地开展工作的前提。团队成员如果得知自己的需求无法满足，或不准备尽自己最大的努力去实现自己的需求，那就无法建设性地开展工作。

当出现类似冲突时，引起冲突的团队成员将被问到以下问题：你是否准备好与同事一起作出团队约定？当同事与你意见相左时，你是否能够尊重同事？你是否已经准备好在工作时遵守组织的工作框架？

一般情况下，引起冲突的团队成员刚开始都会回答"是"，但他们应定期接受评估，确定他们在实践中是否遵守了自己的承诺。如果有明显迹象一再表明他们无法遵守承诺，那么他们将被请离组织。

引起团队冲突

显然，需要解决的问题是："团队成员为何引起冲突？"否则的话，类似问题再次发生，有可能导致令人不快的后果。引起冲突的人会立即将讨论视为对自己支配地位的攻击，并可能施加更大的压力且表现出令人不快的行为，因此，解决冲突需要一定的勇气。

只需要交流"你想要什么"这个话题。可以先了解团队成员真正想要的是什么、为什么想要（目的），以及团队成员和另一方拥有的权利（角色）。

例如，"马克，如果出现了新客户，那么请你在我们召开会议讨论了这件事情，并全体同意接纳这位新客户之后，你再接纳这位新客户，好吗？"

团队成员通过以上方式表达出自己想要马克作出的改变，并不会让马克觉得自己受到了责备。此外，团队成员说出以上的话时可能不带任何不善的语气，而那样的语气通常足以导致讨论变得困难。

如果马克的回答是"不好"，那么团队成员就可以与马克讨论冲突的核心了：马克不想遵守"团队决策应通过协商一致的方法作出"这个工作框架。如果马克的回答是"好"，那么团队成员就与马克达成了共识，并可以在马克下次再自作主张时提醒他。

许多团队成员觉得自己很难与同事讨论他们的行为（通常是消极行为，否则也没必要谈），因为一旦在同事面前提及他们有问题的行为，可能就会使自己陷入一系列的麻烦当中。总而言之，与引起冲突的同事讨论他们的行为的做法是下下策。许多团队成员宁愿换一份工作，也不愿陷入一场"战斗"。引起冲突的人只是充分利用了这种情况，但事实上他根本就不喜欢自己的工作。

尽管如此，团队成员还是要和引起冲突的人谈话——不解决问题只会使冲突更难解决。一旦团队成员通过讨论成功解决了冲突，那么团队成员将更信任彼此，而团队工作的质量也会随之提高。

谈话时，团队成员也可以表达自己的愿望："萨拉，你以后能不能不要再对我或其他同事发表负面评价，这可能会伤害到我们的感情和团队稳定。"萨拉可能会否认说自己并没有做过这样的事情，或用"自己没有选择余地"来为自己辩解，但她仍然会同意这个请求。毕竟，这是一个合理的请求：对同事发表负面评价有悖于所有礼节，而萨拉对此很清楚。在这之后，每当萨拉对他人发表负面评价时，团队成员都可以与她说："萨拉，还记得我们的约定吗？"

建议流程 SDMI® 中给出的方法可以大大帮助团队讨论冲突情况，甚至解决冲突。

团队教练的帮助

当冲突变得难以解决且更复杂时，团队成员通常会发现自己很难与同事达成一个良好的、可行的共识。在这种情况下，自主管理型团队可以向团队教练寻求帮助（详见第 5 章）。团队教练不是团队的成员，可以公正且专业地处理团队合作情况和问题，也能更轻松地解决棘手的问题。团队教练的参与有助于打破团队冲突的僵局。

在马克的示例中（详见前文），团队教练更容易说出"马克如果再自行作出团队决定，则将在这个自主管理型团队中再无一席之地"这样的话。同样的话，团队成员也可以说，但由团队教练来说会更容易些，因为团队教练与团队成员之间没有同事级别的工作关系。

改进计划

当引起冲突的人表示自己确实想要改善时，团队教练会鼓励团队对相关改善计划达成共识：团队成员对彼此的期望是什么，应制定哪些具体的约定，以及如何评估相关约定？显然，这个计划可以改善相关团队成员的表现——若无效，则可以适当调整计划。如果调整计划后，相关团队成员的表现仍未改善，那么团队可以讨论一下这种情况会对团队成员产生何种影响。

领导者在冲突中的作用

一旦冲突发酵到除了解雇引起冲突的团队成员之外，别无他法的地步，领导者就会介入，因为团队成员和团队教练均无权解雇相关团队成员，只有领导者才有。

在马克的示例中，团队请求领导者解雇团队成员马克，并向领导者提供了相关改进计划文件（下文简称"相关文件"），作为解雇马克的依据。领导者检查相关文件后，确定其中是否有充分的法律依据支持解雇马克。换言之，团队成员在达成共识之前是否已经做了足够的努力，马克是否有足够的机会改进自己或学习改变自己对团队的态度？

如果以上的答案为否，那么领导者将要求团队先做以上事情，让团队成员知道他们在相关文件中还应该补充哪些信息。此外，还可以与团队成员会面，了解马克是否还有改进的机会。若有，则领导者将建议团队继续相关改进计划，并再次找团队教练帮忙。

审慎的流程

如果领导者认为马克已经没有改进的可能，并认为相关文件中的所有内容都井井有条，则可以启动解雇流程。解雇流程必须谨慎进行，不能操之过急，避免对团队成员造成不必要的伤害。有些冲突局面已经拖了多年，非常混乱，很难确定谁是有"罪"的一方。

此外，并非所有讨论都能得到妥善报告。为了避免解读方面的差异，作出新约定可能是明智的做法。

这是团队使用SDMI®时找不出冲突原因的原因之一：通常冲突原因不再是可以识别的，并且每个人对真相都有自己的理解。

团队成员最好根据当前情况作出可行的约定，并评估这些约定，不用考虑"这怎么可能实现"这样的问题。通过这种方式，团队成员能够很明显地看出谁应该对破坏的合作流程负责。团队所有人，即使明显无法或不愿意遵守所述约定的人，都必须同意通过所述约定，以从团队内部支持所述约定。

经验表明，如果领导者仔细监督以上流程，并且每个团队成员都觉得自己受到了认真的对待，那么被解雇的人会更倾向于承担相应的后果，并换一份工作（例如），而不会因此提起诉讼。组织甚至可以帮助被解雇的员工在其他组织中找到合适的工作。

性格冲突

人们的性格根本无法完全与其他人的相合，这一事实引发了许多冲突：性格冲突。虽然团队成员已经尽了最大的努力，但只要无法"相互理解"，他们的合作就不可能成功。例如，玛丽认为自己在友善地和汤姆谈论一些事情，但汤姆却下意识地开启了心防，因为他认为玛丽是在指责他做的所有事情。这时候，玛丽当然会辩解，于是，两人又开始了新一轮的争论。

如果性格不合是造成冲突的根本原因，那么团队可以出于改进合作的目的，按照自己的意愿达成尽可能多的共识，但是，这并不能对团队产生多大的影响。在这种情况下，如果若将一名或多名团队成员安排到组织中的其他团队中可能会更好。毕竟，在团队工作质量良好的情况下，组织若将团队成员开除就会显得很不厚道。

调派团队成员是团队教练的任务。如果有团队成员因为冲突而被调到新团队，那么接收相关团队成员的团队应谨慎考虑：加入我们团队的人是什么样的？为什么这个人在原来的团队没办法好好工作，到我们团队就可以？我们团队的一切都进展顺利……其他团队通常会认为被调离原团队的人无法与他人合作。

在准备调动团队成员的过程中，团队教练可以做许多事情来提升相关团队成员的正面形象。团队教练通常不愿公开成员被调离的原因，因为这可能会侵犯相关成员的隐私。但团队教练如果事先跟被调离的成员约定：自己将公开该成员被调离的原因，那么这显然不会侵犯相关成员的隐私。

团队成员被调离的原因通常会听起来很合理：

- 相关团队成员相当喜欢在非常有条理的环境中工作，而目前的团队并不认为需要这样做。

- 相关团队成员喜欢从事复杂的任务，并且希望独自完成这类工作，但其他团队成员也希望做这类工作。然而，在另外一个团队中，团队成员可能非常希望有人来执行艰巨的任务。

- 相关团队成员平时说话比较直白，令其他团队成员感到不适。然而，新团队有着与原来团队不同的沟通风格，并且可能非常欣赏直白的沟通方式，因此，将相关团队成员调到新团队可能会更好。

如果团队教练与新团队召开一次试探性会议，讨论相关成员是否适合新团队，那么新团队的成员将可以不带任何偏见地与相关团队成员进行交流。

情绪管理

冲突的特征之一，是当事人情绪激烈。情绪包括悲伤、恐惧、愤怒或开心。最后一种情绪通常不会引起问题，但前面三种可能很难应付。

当然，我们始终都能感受到各种情绪，但在通常情况下，我们的情绪都没那么激烈，不会给我们带来麻烦。对于快乐，我们往往都不嫌多。当别人悲伤时，我们往往都不知道该怎么安慰才好。当别人愤怒时，我们通常会感到害怕。焦虑的人应停止大惊小怪，对自己说："没有什么可害怕的——加油，打败它！"

当情绪过于激烈时，人们可能会表现得非常伤人，但在一切都尘埃落定之后，他们又会对此感到由衷的后悔。然而，那些说出口的话已经覆水难收，彼此的关系也受到了影响。一些团队成员的情绪可能会严重破坏团队精神，那么，该如何建设性地管理好情绪呢？

一些人在讨论沟通技巧时，提倡打感情牌，并提供了类似以下的话术来引起情感共鸣："我可以感觉到这让你很难过，你想和我谈谈吗？""我看到你的表情发生了变化——当他跟你说那句话的时候，你有什么感受？""当约翰发表评论的时候，我感受到了你的不知所措，但你却一句话都没说，你想要隐藏什么吗？"当我们非常关注某件事情时，它就会变得特别有存在感，所以，当我们特别在意某种情绪时，它不会逐渐减弱，反而会变得更强烈。我们并不想总是那样——尤其是在工作环境中，我们也想克服自己的情绪，"正常"对话。

当我们开始将更多注意力转移到要讨论的内容而不是负面情绪当中时，通常这些负面情绪会自动减弱。我们可以问自己一些需要稍微思考一下的问题（例如，"当和别人讨论错误时，你认为你的沟通方式需要作出哪些改变？"），将自己的注意力拉回到讨论内容当中。若将精力集中在思考上就会使自己没那么多精力维持情绪，从而情绪会自动减弱。

人们在讨论时之所以会产生负面情绪（尤其是生气或愤怒情绪）可能是因为讨论双方不太理解对方的观点。这不是因为他们向对方提出了不合理的要求，而是因为其中一方的攻击性对他们产生了影响，导致事态更加难以改变。所以，我们一定要避免情绪过于激烈。

人们的情绪通常都不是通过言语表达，而是通过姿势、面部表情和声音体现出来。当人们的情绪显得过于激烈时，我们会下意识地觉得自己受到了攻击，并自动进行防御。在这种情况下，我们的回应也会情绪化，并很可能使问题的实质无法得到有效解决。

如果我们能够仔细地倾听别人讨论的内容，并忽略非语言的行为，就不会过多地受到对方情绪的影响，从而感受到更少的攻击性，也就更不可能情绪化地作出回应。专注于讨论内容还有助于我们更轻松地针对实质内容作出回复。通过提出让对方需要思考后才能回复的问题，我们还能够使双方情绪更加平和，并最终与相关人员完成建设性的讨论。

意见分歧不必解决

我们倾向于认为解决冲突或意见分歧很重要，但冲突或意见分歧并不总是能解决的，例如，当团队成员对某个建议无法达成共识之时。有时，当团队成员展开进一步调查时会发现，所有当事方虽然各持己见，但很有可能都具备有效的论据。

在这种情况下，"允许意见分歧的存在，并讨论这样做的后果"可能是一个好主意。当处理类似于帮助有阅读障碍的学生、处理伤口或吸引新客户等事情时，团队通常会定期讨论（或争论）应该采取方法 X 还是方法 Y。如果团队允许意见分歧存在，那么团队成员都可以采用最适合自己的方法。这意味着，团队成员将采用不同的方法，并可以总结为"这不是什么问题，没必要讨论"。

团队教练和冲突处理

团队经常会在自己无法解决问题时向团队教练寻求帮助，所以团队教练经常会遇到冲突情况。第 5 章描述了团队教练采用 SDMI® 时可采取的干预方法。原则上，团队教练可以使用这些方法处理任何情况。

在本节中，我们将详细介绍当一部分团队成员想要讨论某个问题，但其他团队成员不愿意讨论该问题时的情况。许多团队教练说"穿梭战略"在这种情况下很有用。该战略的应用示例详见下文。

穿梭战略

当冲突激化时，团队成员甚至不愿坐在一起讨论。虽然团队工作仍有可能完成，但团队成员只执行自己的任务，只进行必要的交流。一些团队成员可能会向团队教练求助，或者团队教练可以主动去看看冲突是否能够解决。那具体怎么做呢？

团队教练可以让各方坐到谈判桌前，因为如果谈判成功，他们也会乐于讨论冲突。然而，团队教练需要付出大量的时间和精力才能让双方走到一起。冲突双方也有可能违背团队教练的意思。团队教练必须设法让他们把关注点集中到对方身上，因为当他们一起坐在桌边时，他们很可能会把关注点集中在团队教练身上。一不小心，团队教练就会卷入冲突！团队教练也可以认真对待团队成员的意见，不再设法让他们握手言和，而只是单独与各方合作。然后，团队教练要做的就是在双方之间来回穿梭。他们可能会对团队教练说出自己的真实想法。团队教练与团队成员的对话可以按以下方式进行：

詹姆斯："好吧，我不再和她说话了。其他人我管不着。"

团队教练："我可以代表你和她谈谈。"

詹姆斯："听起来是个好主意。你就可以切身体会她都说了些什么疯话。"

团队教练："也许吧。你想让我对萨拉说什么？"

詹姆斯："她不能再跟其他同事说我的闲话了。她让我在大家心里留下了不好的印象。同事们都开始避开我了。他们会开始问我问题，我开始觉得自己像个局外人。后来我听说她在我休假的时候组织了一次集体午餐。于是，事情就这样一发不可收拾，慢慢地到了'有她没我，有我没她'的地步。"

团队教练（拿起纸笔）："我能这样告诉她吗？"

詹姆斯："嗯，那可能有点苛刻。就说我不喜欢她跟别人谈论我的方式！"

团队教练（逐字逐句地写下这句话，好让詹姆斯看到所写内容）："你还想让我对她说什么？"

詹姆斯："多亏了她的行为，我觉得自己成了队里的局外人，这感觉不太好。"

团队教练（把那句话也写下来）："好吧，你还想说什么？"

詹姆斯："这些就是最重要的事情。"

团队教练计划和萨拉会面，告诉她詹姆斯想对她说什么。当团队教练和萨拉说话时，也经常问："我该对詹姆斯说什么？"

这样做可以使冲突伙伴相互联系。在这里，同样重要的是，团队教练不能对冲突双方的说话内容进行评判，例如："是的，但是萨拉，你不能对詹姆斯那样说。"一旦团队教练作出评判，就意味着在干涉冲突。团队教练只需要把双方的话写下来（有时需要大声读出来）即可。这么做意味着团队教练传达的信息仍然是对方的意思表达。

分步解决冲突流程

团队成员或团队教练面对冲突时，最好遵循一个分步骤解决流程。冲突已达到哪个阶段或属于哪个类别，这都无关紧要。SDMI®不对冲突进行定义或分类。团队成员或团队教练可以根据前文讲述的五个要点，选择适当的干预措施。

团队成员或团队教练处理冲突时可以参考下列步骤。

步骤 1. 确定目标

人们常说，没有目标就无法开始。有时，确定目标可能需要很长时间。我们在处理冲突时会发现团队成员的目标往往相互矛盾。在这种情况下，我们应该帮助他们制定一个共同的目标，作为团队达成协议的基础。例如，当理查德和伊丽莎白对如何分配培训预算有了明确的想法时，其他团队成员却表示反对。这背后的根源可能就在于他们的目标相互矛盾。此时，团队的共同目标可能是"让所有团队成员对预算分配感到满意"。如果理查德和伊丽莎白支持团队的共同目标，那么下一个问题可能是"我们如何才能实现令所有人满意的分配"。如果事实证明理查德和伊丽莎白不想考虑同事的意愿和利益，那么他们显然不赞同团队的共同目标——"让所有团队成员对预算分配感到满意"。如果他们不想改变自己的目标，那么团队成员就不能达成任何协议，只能执行步骤 6。如果他们考虑同事的意愿和利益，那么就可以执行步骤 2。团队可能需要召开多次会议，才能制定出一个共同的目标，或者才会意识到这条路根本行不通。

步骤 2. 达成对可行解决方案至关重要的协议

团队成员如果能够在步骤 1 就目标达成一致意见，往往最后就能达成所有有关的协议，从而实现最终的目标。因此，务必讨论不遵守协议的后果。在步骤 1 的示例中，协议规定相关成员只能执行全体成员都已批准的决议。于是，理查德和伊丽莎白随后开始致力于调查其他人反对的原因，并尽其所能提出令所有团队成员都满意的预算分配方案。

步骤 3. 商定协议的有效期

步骤 4. 必要时可以对协议进行评估

步骤 5. 违约时订立新的协议或商量违约后果

团队成员履行相关协议一段时间之后，可能会发现相关协议（仍然）不可行。也许，团队成员又发现一个可能的改进方案，可以推动达成新的协议。在这种情况下，团队成员需要从步骤 2 重新开始。也可能，团队成员发现目标需要调整，于是又要回到步骤 1。在这个阶段，团队甚至可能发现目标仍然没有得到所有成员的认可。例如，本例中的理查德和伊丽莎白不想考虑其他团队成员的利益。那么，团队需要讨论是否可以达成其他协议，以便全体作出决策。

步骤 6. 无法达成可行的协议

最终，团队也可能无法达成协议，或者说，无法达成可行的协议，抑或所达成的协议一次又一次得不到履行。团队可能对相关问题置之不理。如果协议不再可行，团队教练可以建议团队要求领导者处理冲突。

10

结尾——常见问题

我们试图通过本书向读者完整展示自主管理的全貌，以及从科层制到自主管理转型所涉及的相关问题。

我们一直致力于协助各类组织的董事会实现适合其具体情况的自主管理模式。我们还培训了许多的团队教练、团队成员和辅助人员，培养他们的技能，帮助他们在自主管理的组织中发挥更大作用。我们服务的对象包括荷兰和其他国家的许多组织，如医疗机构、教育机构、市政机构，甚至面包连锁店、技术批发商和旅游公司等。

各行各业的人员向我们咨询了关于自主管理的大量问题，此处仅列举一二：

1. 在引进自主管理阶段，需要在多大程度上让团队成员参与进来？真正的参与需要达到什么程度？或者，真的没有给团队成员任何控制权吗？

2. 许多员工对自主管理转型持抵制态度，如何才能防止这种情况发生?

3. 能否成立一个工作组，为自主管理机构转型作准备?

4. 当一个团队不想负责团队的管理任务时，需要怎么做? 例如，当一个团队不想制作他们自己的名册?

5. 当一个团队没有履行职责时，领导者需要怎么做?

6. 领导者如何管理团队成员的升迁或降职?

7. 经理如何确保自己工作出色? 换句话说，谁来监管领导者?

8. 何时解除一个团队?

9. 员工在自主管理创新中扮演什么角色? HR 的一些员工有时会和团队成员抱怨:"要是让团队作决定，我们还要用铅笔和纸写字吧。"

10. HR 是否也需要组织成一个自主管理型团队?

11. 首次引入自主管理之后，是否需要让员工参与其中?

12. 当发现团队没有在工作框架内妥善完成工作时，HR 的员工要怎么做?

13. 如果没有按时收到团队成员的详细信息（例如记录），HR 的员工应该怎么做?

14. 谁来负责人事工作? 团队，还是在人事工作领域执行团队任务的团队成员?

15. 如若在几个小组中观察到同样的问题，HR 的员工应该如何在组织内处理这个问题？

16. 团队首次实施自主管理时，首要任务是什么？需要讨论什么？

17. 自主管理型团队首次开始运作时，团队教练能做什么？

18. 如果要为团队主管提供管理培训，并且还给团队更多的控制权，那这还是自主管理型组织吗？

19. 如果自主管理转型失败，组织还能回到层级管理模式吗？

20. 如果自主管理太难，团队能否暂时与领导者合作？

21. 所有员工从始至终都希望实施自主管理吗？

22. 团队没有承担起责任并且没有尽最大努力做好工作时，组织需要怎么做？

23. 负责到底意味着什么？

24. 为什么团队会议如此重要？

这些问题中，有许多可以归结为基本原则问题，即我们应该如何更好地为客户和主要流程的利益服务？这些决策是否符合组织框架？

解决问题的关键在于，管理层、辅助人员和团队成员都在各自的领域内相互协作，共同努力解决问题。自主管理型组织面临的最大威胁在于，组织成员可能会开始为彼此着想，而不管组织是否盈利。

本书列举了各类企业在现实中可能作出的不同选择。不过，每个组织的实际情况都不相同，各个组织应该根据自己的具体要求实施自主管理。

如果您找不到上述问题的答案，或者您对自主管理有所疑问，或者您只是不想再搜索整本书——那么您也可以给我们发一封电子邮件：zelfsturing@ ivs－opleidingen.nl。

我们很高兴能够与您一起讨论最适合您的解决方案。

阿斯特丽德·维米尔、本·温廷

图字：01-2020-2416 号

Self-management：How it Does Work
© Bohn Stafleu van Loghum is een imprint van Springer Media B.V., onderdeel van Springer Nature 2018
This translation is published under license.
Simplified Chinese edition copyright © 2020 People's Oriental Publishing & Media Co.,Ltd (Oriental Press).
All Right Reserved .

中文简体字版专有权属东方出版社

图书在版编目（CIP）数据

自主管理：博组客的自组织转型实践 ／（荷）阿斯特丽德·维米尔（Astrid Vermeer），（荷）本·温廷（Ben Wenting）著；薛阳 译.—北京：东方出版社，2020.8
书名原文：Self-management：How it Does Work
ISBN 978-7-5207-1547-8

Ⅰ.①自…　Ⅱ.①阿…②本…③薛…　Ⅲ.①企业管理—研究　Ⅳ.①F272

中国版本图书馆 CIP 数据核字（2020）第 090405 号

自主管理：博组客的自组织转型实践
（ZIZHU GUANLI：BOZUKE DE ZIZUZHI ZHUANXING SHIJIAN）

作　　者：［荷］阿斯特丽德·维米尔（Astrid Vermeer）　［荷］本·温廷（Ben Wenting）
译　　者：薛　阳
责任编辑：申　浩
出　　版：东方出版社
发　　行：人民东方出版传媒有限公司
地　　址：北京市朝阳区西坝河北里 51 号
邮　　编：100028
印　　刷：北京联兴盛业印刷股份有限公司
版　　次：2020 年 8 月第 1 版
印　　次：2020 年 8 月第 1 次印刷
开　　本：880 毫米×1230 毫米　1/32
印　　张：7.5
字　　数：130 千字
书　　号：ISBN 978-7-5207-1547-8
定　　价：68.00 元
发行电话：(010) 85924663　85924644　85924641

版权所有，违者必究
如有印装质量问题，我社负责调换，请拨打电话：(010) 85924602　85924603